中华武术典籍珍藏

「十四五」国家重点出版物出版规划项目
国家古籍工作规划项目
国家古籍整理出版专项经费资助项目

中国武术研究院院藏清抄本校释

肆

第四卷

国家体育总局武术研究院　编写
中国武术协会　审定

北京体育大学出版社

丛书策划编辑：孙宇辉　钱春华
丛书责任编辑：吴　珂
本卷责任编辑：钱春华
本卷责任校对：吴　珂
封　面　设　计：王齐云
版　式　设　计：北京华泰联合图文设计制作中心

图书在版编目（CIP）数据

中国武术研究院院藏清抄本校释．第四卷，《太乙枪》《枪势五十五图·破棍六路法谱·软功妙法》/ 国家体育总局武术研究院编写．-- 北京：北京体育大学出版社，2024.5.--（中华武术典籍珍藏）.-- ISBN 978-7-5644-4122-7

Ⅰ．G852

中国国家版本馆 CIP 数据核字第 202430JZ87 号

中国武术研究院院藏清抄本校释　第四卷
ZHONGGUO WUSHU YANJIUYUAN YUANCANG QINGCHAOBEN JIAOSHI DI-SIJUAN
国家体育总局武术研究院　编写

出版发行：北京体育大学出版社
地　　址：北京市海淀区农大南路 1 号院 2 号楼 2 层办公 B-212
邮　　编：100084
网　　址：http：//cbs.bsu.edu.cn
发 行 部：010-62989320
邮 购 部：北京体育大学出版社读者服务部 010-62989432
印　　刷：北京瑞禾彩色印刷有限公司
开　　本：880mm × 1230mm　　1/32
成品尺寸：143mm × 210mm
印　　张：12.125
字　　数：262 千字
版　　次：2024 年 5 月第 1 版
印　　次：2024 年 5 月第 1 次印刷
本册定价：110.00 元
丛书定价：998.00 元

中华武术典籍珍藏·中国武术研究院院藏清抄本校释编委会

第一卷

执行主编：耿　彬

编　　委：李远伟　杨红光　杨　强

第二卷

执行主编：杨红光

编　　委：李远伟　杨　强　耿　彬

第三卷

执行主编：李远伟

编　　委：杨红光　杨　强　耿　彬

第四卷

执行主编：杨　强

编　　委：李远伟　杨红光　耿　彬

第五卷

执行主编：杨红光

编　　委：李远伟　杨　强　耿　彬

第六卷

执行主编：杨　强

编　　委：李远伟　杨红光　耿　彬

第七卷

执行主编：耿　彬

编　　委：李远伟　杨红光　杨　强

第八卷

执行主编：李远伟

编　　委：杨红光　杨　强　耿　彬

前言

武术，作为中华优秀传统文化的重要组成部分，是中华民族的智慧结晶，承载着中华民族的精神追求。自古以来，武术不仅是一种强身健体、自卫防身的技艺，更是一种修身养性、弘扬民族精神的文化载体。

习近平总书记在二〇二三年六月二日文化传承发展座谈会上的讲话中说道：『文化关乎国本、国运。只有立足波澜壮阔的中华五千多年文明史，才能真正理解中国道路的历史必然、文化内涵与独特优势』。中华民族的文化自信是建立在五千多年不间断文明传承基础上的。在推进中国式现代化建设的征程上，我们要找准中华文化的根和魂，坚定中国特色社会主义道路自信、理论自信、制度自信、文化自信。

一九八三年至一九八六年，国家体育运动委员会武术挖掘整理领导小组统一部署，各级体育运动委员会武术挖掘整理工作小组积极参与，全国八千余名专职武术工作者和业余爱好者被动员起来，开展了我国武术发展史上空前的『普查武术家底，抢救武术文化遗产』工作。经过三年努力，为收集保存武术文物、史料而开展的『献拳经拳谱、献兵械实物、献功法技艺』的『三献』活动，收集了一批文献资料、古兵器和其他实物，丰富了武术文物资料库。

拳谱典籍，作为中华文明历史长河中的珍贵文献，记录了武术的原始形态与发展脉络，它们是武术传承的见证，更是领略与参详古代武术文化思想和技艺传承的宝贵资料。然而，由于时代的变迁和语言的演变，这些拳谱对现代人来说，往往难以直接阅读和理解。因此，在新时代对这些抄本进行校释，不仅是对优秀传统文化的尊重，也是对武术发展的贡献。

本次校释工作，由国家体育总局武术研究院发起组织，精选出三十四份三十一种清代拳械技理抄本，委托郑州大学体育学院（现为河南体育学院）的多位武术学者和专家共同完成，北京体育大学出版社作为出版方协助编辑出版。他们秉持严谨求实的态度，历经长期艰苦的工作，对原稿进行了细致的校勘与注释，使这些珍贵的历史文献得以更加清晰、准确地呈现在读者面前。希望这些努力能够让更多的人了解武术的精髓，感受武术的魅力。

中华武术典籍珍藏·中国武术研究院院藏清抄本校释的顺利出版得益于二〇二三年度国家古籍整理出版专项经费的资助，这是武术类古籍编辑出版首次被该项目立项支持，体现了国家对于优秀传统文化的重视与扶持。同时，本丛书被列为『十四五』国家重点出版物出版规划项目，以及二〇二一年至二〇三五年国家古籍工作规划重点出版项目。

本丛书的出版，不仅为武术理论研究提供了『考镜源流』的史料支撑，也意味着一批清代武术珍本首次面世，对传承武术技艺、弘扬传统武术文化具有深远的影响。同时我们也要看到，对武术源流与发展的探究是一个既复杂又漫长的系统工程，武术古籍点校出版与后续的研究工作，仍然任重而道远，必须继续推进、不断深化。

武术的传承发展与中华民族的伟大复兴息息相关，从戚继光『抵御外侮』的壮志豪情，到中央国术馆『御侮图存』的精神追求，再到新时代基于文化自信的传统武术振兴实践，中华武术无疑是中国人自强不屈精神的生动体现与巩固中华文化主体性的坚强堡垒。我们愿与社会各界一起，深入探源在中华文明波澜壮阔发展历程中与之相伴相生的武术发展脉络，把武术历史研究引向深入。

饮水思源，不忘本初。本丛书的出版，离不开国家体育总局武术研究院历任领导的关心与关怀，他们的远见卓识和坚定支持，为丛书的编辑和出版奠定了坚实的基础。同时，也离不开众多国内外武术学者和专家的无私指导与贡献，在此不逐一列举。我们特别要向四十年前那些在武术挖掘整理工作中慷慨捐赠武术典籍的人士致以最诚挚的敬意和衷心的感谢。正是他们的无私奉献和慷慨支持，极大地丰富了武术历史研究的资料宝库，为武术文化的传承注入了不朽的精神。

总之，《中华武术典籍珍藏·中国武术研究院院藏清抄本校释》的出版，既是对武术文献典籍的系统梳理，也是对中华文化主体性在武术领域的深刻阐释，更是对传统武术文化的礼敬。愿本丛书的问世能够激发更多人对武术历史的兴趣与热爱，吸引更多人来保护、研究和传承这份珍贵的文化遗产。

古籍文献的整理不可能一蹴而就，本丛书必定会存在一些不足，希望读者批评指正。

国家体育总局武术研究院

二〇二四年六月

编者的话

历史是过去发生过的事情，已经一去不复返。人们既无法使历史重演，也无法回到逝去的年代，身临其境地去感受和体验当时的场景。因此，人们想了解和研究自己的过去，只能借助前人留下的各种『痕迹』。正是凭借这些『痕迹』，后人才可以追溯祖先的足迹，认识人类社会的各个发展阶段，进而探讨其历史发展的规律。前人留下的历史痕迹形式多样，除了传承下来的生活方式、手工技艺、实物遗存以及思想观念等外，还有大量的文献典籍。以文字符号为特征的文献传播，是一场巨大的社会进步，有力地推动了人类知识的积累与传承。中华典籍源远流长，浩如烟海。它们记录了中华文明的发展历程，也是中华文化的重要载体与组成部分！

武术是由华夏文明长期氤氲滋养而发展起来的传统人体活动方式，折射着漫长岁月里武林先辈的智慧和中华优秀传统文化的基本精神。多少年来，中华武术的价值取向、人文精神和活动样式，引起无数习武者『衣带渐宽终不悔』的折腰苦求，从而积淀了博大精深的文化载量和一以贯之的文化命脉，成为实现中华民族伟大复兴的重要基础。在蜿蜒的历史长河中，先辈们在为后人传承各种拳械技艺的同时，还留下了一批弥足珍贵的武术典籍。林林总总的武术典籍，有的辑录于各类官私文乘，也有的独立成册；有的付梓刊印，也有的传抄存世。但漫长的岁月荡涤与时代更迭，造成了大量武术图籍的流失和散佚。历史上，如汉书·艺文志中记录的剑道三十八篇和手搏六篇，南北朝时的马槊谱，以及明人汪伯言编撰的白打要诀六卷等，均已湮没在历史的尘埃中。宋人周密曾在齐东野语卷十二中有言曰：『世间凡物未有聚而不散者，而书为甚。』由于天灾、战乱以及人为毁坏等多种原因，历史长河里流传至今的武术文献可谓吉光片羽，为数不多，我们可于此窥得前代中华武术的技艺踪影，领略中华武术曾经的文化风采，所以武术文献典籍具有很高的学术价值。

二十世纪七十年代末，当时的国家体育运动委员会（以下简称『国家体委』）下发了一个有关武术挖掘整理工作的文件，并在稍后的一九八二年全国武术工作会议上，明确提出『做好武术挖掘整理工作』，随后成立专门机构，制定了至一九八五年底的武术挖掘整理工作计划。当时全国共有二十八个省、自治区和直辖市先后成立了武术挖掘整理工作小组〔一〕。历经三年，国家体委武术挖掘整理工作组共收到捐献的文献资料四百八十多本，古代兵器近四百件，相关实物三十余件，以及约四百小时的技术录像，充分反映出当时各界人士对于这次国家层面的武术挖掘整理工作的支持。针对其中捐献的文献资料，一九八六年时任国家体委武术研究院院长的徐才先生在全国武术挖掘整理工作总结表彰会上明确表示，要把这批文献资料收藏好、利用好，今后的工作重点是整理、研究，准备制订科研计划，以此提高武术研究水平，他还特别强调，『不能把这些宝贵资料放在柜子里尘封起来，要通过整理、

〔一〕徐才：徐才武术文集，人民体育出版社，一九九五，第二四页。

研究发表出来。』〔一〕

应该说，武术界广大人士在为这三年武术挖掘整理工作取得的成果感到高兴的同时，更为当时国家体委武术研究院领导提出的利用好这批武术文献资料的设想而深受鼓舞。因为，如果说农耕社会中传统武术的发展主要靠一种原发型的实践积累，那么进入近代社会后，其发展方式就要求转变为在理论观照下的主动推进。记得一九八六年四月，时任国家体委主任李梦华先生曾说过这样一段富有见地的话：『我国目前开展着四五十个体育项目的活动，其中包括武术。可以这样统计体育项目的数字，但这并不标志着武术位置是四十分之一或五十分之一。可不可以说它在体育中应占一半的位置。』〔二〕无疑，李梦华先生所谓的『一半』，当是指武术特有的历史文化。武术之所以不同于田径、体操、球类等运动项目而能单独成为一门具有自己的研究范畴和自成畛域的学术领域，也就在于它自身特有的历史人文背景。令人遗憾的是，长期以来的文献资料的匮乏以及相关研究的不足，已成为严重阻遏包括历史、文化在内的整个武术人文社会学科研究纵深发展的一个瓶颈，如不加以克服，显然不利于中华武术在新的历史条件下的发展；如长此以往，拥有『统之有宗，会之有元』的中华武术文化根脉就会逐渐发生动摇，中华武术的精神家园就会因此委顿！

众所周知，从事以历史学为基础的人文社会学科研究，文献史料是关键。对此，梁启超在中国历

〔一〕徐才：徐才武术文集，人民体育出版社，一九九五，第六一至六六页。

〔二〕徐才：徐才武术文集，人民体育出版社，一九九五，第九一页。

史研究法一书中曾有一个形象的比喻，他说，治玄学者与治神学者无须资料，不必以客观公认的事实为依据，而治科学者，无论是自然科学还是社会科学，『罔不恃客观所能得之资料以为其研究对象』，各学科也莫不将史料建设作为理论研究的首要任务。

近代以降，民国时期著名武术史学者唐豪编撰出版了他『殆费十余载』搜寻考订的中国武艺图籍考，该书对一些古代武术文献条分缕析，可谓是我国武术文献整理与研究的开山之作；国家体委于二十世纪五十年代，组织人力整理出版的七册中国体育史参考资料中也有部分关于武术史料方面的内容。但自此以后，武术典籍在相当长的时间里一直没有得到应有的重视，几乎成为一个武术界少有人问津、文史界又无人涉足的学术盲区。直至二十世纪八十年代中期，随着武术理论研究的展开，有关武术文献典籍的整理才引起一些学者的关注。如有人点校了戚继光的纪效新书（一九八八年），有人出版了正宗少林拳经（一九八八年）及增订手臂录（一九八九年），还有人整理、注释了太极拳谱（一九九一年）等。十多年中，武术文献典籍的出版数量有所增加，如山西科技出版社与北京科技出版社陆续出版了多种类型的武学丛书，如『老拳谱辑集丛书』『古拳谱丛书』『国术丛书』等，人民体育出版社出版了中国古典武学秘籍录（二〇〇六年）和易筋经四珍本校释（二〇一一年）等。尤其是二〇〇八年至二〇二四年间，由中国书店影印出版的民国国术期刊文献集成和百册之巨的中国武术大典，由台湾逸文武术文化有限公司影印出版的清代易筋经珍本汇辑和齐鲁书社出版的中国古代武艺珍本丛编（上、下辑）及明清武术典籍珍本辑释，二〇二四年初由北京体育大学出版社出版的民国武术文献选刊等，最为引人注目。应该说，这些武术文献的刊印对于武术文献的整理乃至相关研究所起到的作用，是不言而喻的，它们为武术学科的发展注入了新的活力。尽管以上诸书大多为文献汇集，系统整理者少，深入研究者更少，有些文本的校释还存在这样那样的不足，但任何学术领域的形成、成熟总有一个过程。值得肯定的是，武术文献的整理、研究在摆脱了长年的沉寂后终于有了启动。

对于现藏于国家体育总局武术研究院的四百多份本文，在二十世纪八九十年代，因研究之需，本人曾有机会阅览过两次。这批文本品相不一，按其形式分为刊印本与抄本两种，其年代横跨古代（清代）、近代（民国时期）和现代（一九五〇年后）三个时期。而其内容更为驳杂，其中大部分为记述各类拳械技法技理的拳谱图籍，也有早些时候各地出版的武术刊物，另有一些医治跌打损伤类的药方集，还有旨在强身的导引功法类汇辑，其中甚至夹杂数本诸如西洋拳术及空手道之秘诀等非武术类图籍。

文献典籍是中华文化的重要载体，它记录了中华民族的辉煌历程，并延续着中华民族的精神和文化血脉。然而，前代文献的种种价值，只有通过整理、阐释与研究才能得以体现，这是对『存储于原载体材料上的内容进行一次再转移与再迁徙』〔一〕，本身也是一个文本经典化的过程。对于国家体育总局武术研究院现藏的这批文献，也当作如是观。为此，本人曾以口头及书面形式，多次向国家体育总局武术研究院主管领导建议：尽快遴选有关专家来整理、注释这批文献，使其发挥应有的价值作用。经国家体育总局武术研究院领导认真研究，同意了本人的建议，决定点校四百多份文本中的抄本部分，

〔一〕耿相新：中原文献整理史稿·序二，载王钢中原文献整理史稿，中州古籍出版社，『序二』第三页。

并召集了包括本人在内的来自有关高校的一共六位专家，汇聚武术研究院，经过查阅、讨论，剔除十八份破损严重、字迹不清或无甚价值者，最后确定将甄选出的一百一十三份抄本纳入点校范围，同时委托北京体育大学出版社出版。两年后，除少数文本外，点校工作初步告一段落，国家体育总局武术研究院为此在河南登封嵩山少林寺武僧团培训基地召开了点校工作会议。

时光荏苒，数年后国家体育总局武术研究院有关负责人与我联系，希望能在之前选出的一百一十三份抄本的基础上精选出更具价值的文本，争取尽早完成点校工作，交付出版。接到任务后，我斟酌再三，确定重点点校一百一十三份抄本中的三十四份三十一种清抄本〔一〕，并题名曰『中国武术研究院院藏清抄本校释』。点校文本与点校方案经国家体育总局武术研究院领导同意后，即与郑州大学体育学院有关方面洽谈。之所以选择郑州大学体育学院来承担此项工作，是因为我五年来带领的该校课题组，刚顺利地完成了国家社科基金项目『明清少林武术古籍珍本的整理与研究』。〔二〕由这样一个较为成熟的学术团队来承担这项点校工作，质量上应该是有保证的。

在郑州大学体育学院领导的大力支持和全体团队成员的不懈努力下，中国武术研究院院藏清抄本

〔一〕三十四份清抄本，绝大多数留有年代信息，有的则由当时捐献地的相关部门出具证明，也有些无时间记录，而是依据抄本中图文风格判定，如少林拳棒枪刀谱、文武修等。

〔二〕这批明清少林武术古籍珍本，被齐鲁书社以『明清武术典籍珍本辑释』之名申报并成功入选二〇二二年度国家出版基金项目。该书于同年九月正式出版，并在二〇二三年五月荣获全国古籍出版社百佳图书（二〇二二年度）二等奖（该奖前身为『全国优秀古籍图书奖』），这也是武术学界在古籍整理出版方面的首次获奖。

校释历经十个多月时间，终于如期完成了。在讲好中国故事、弘扬民族文化、实现中华民族伟大复兴的今天，中国武术研究院院藏清抄本校释的付梓出版，当然有其多方面的社会意义。

首先，有清一代是武术发展史上的重要时期，也是古代各种武术著述蜂出并作的年代。通过对这批武术抄本的整理、注释，可以从一个方面梳理清代武术历史文化的基本概况，从而为今天的武术理论研究提供『考镜源流』的史料支撑。

其次，对于这批清代武术抄本的整理、注释，可以使中华武术的非物质文化遗产保护究竟应该『保护什么』更为清晰。同时，按照我国法律规定，武术文献本身也是中华武术非物质文化遗产保护的重要组成部分。因为『将古籍的保护纳入到非物质文化遗产的保护中非常重要，这将会形成一个完整的非物质文化遗产保护观』〔一〕，有利于非物质文化遗产项目的整体保护。

再次，这批清代武术抄本均为首次面世的珍本、孤本，具有很高的文献价值。这一方面极大地丰富了武术文献体系，对武术文献学的建立具有重要学术意义；另一方面，对相近的历史学、文化学、民俗学等研究，也有其自身的学术价值。

最后，按文献学要求对这批清代武术抄本进行整理、注释，其规模之大、内容之繁，在当代武术学术史上尚属首例。这既是对古代武术文献校释范式及学术路径的有益探索，同时也为推动武术文献学发展和繁荣我国武术理论研究起到积极作用。

〔一〕方李莉：应将古籍纳入『非遗』保护，中华读书报二〇一一年八月三十一日。

值得说明的是，在对这批清代武术抄本的校释过程中，发现有四个需要注意的地方，这恐怕也是不少清代武术抄本的共性问题：一是与传统的经、史、子、集图籍相比，这批武术抄本绝大部分无论是其版式还是绘图、书写，都显得较为粗陋，加上某些字体书写不规范，有些又过于潦草，故辨认较难；二是由于武术技艺是种动态文化，故抄本中记录的有些拳理技法今天可能已发生较大变化，有的甚至已失传，另外，文中夹杂的一些方言俚语及隐喻等，也较难理解；三是有些抄本中开列的药方，因条件所限，目前尚难甄别；四是由于在长年的流传中，一些抄本页码错乱的现象较为严重，需要参照其他相关文献加以校勘厘定。

『钩沉稽古，发微抉隐』的武术文献整理、研究是一项需要『坐冷板凳』的工作，这在武术界尚属起步阶段。所以，尽管课题组成员对此三十四份三十一种清代武术抄本本着打造『学术精品』的责任心反复核查、审阅，但必然存在一些舛误错谬之处及不尽如人意的地方，祈盼读者不吝教正，以共同推动我国武术文献学科及武术理论研究的不断成熟和进步！

周伟良

二〇二四年六月记于杭州寓所

校释凡例

一、本书整理、注释的中国武术研究院院藏清代武术抄本，均为首次面世的珍本、孤本，方法上难以用对校法进行互校，故而有的采用内容相同或相近的文本进行他校，也有的依据文中前后语义抉摘其异同；而对文中所著录的相关典籍资料，则采用原书进行核校。

二、所校释的每种文献都有一篇提要，简述有关该文本的版本特点、编撰（抄录）者基本情况及内容梗概等。

三、校释中所引用的符号：

（一）凡［ ］中的内容，为校勘出的脱文。

（二）凡（ ）中的内容，为对校勘出误文的修改。

（三）凡〈 〉中的内容，为校勘出的衍文。

（四）凡【 】中的内容，为原文本中的小字或注释。

（五）原文中所缺佚的文字，一律用□标出。

（六）如校释中文义相通而文字有异者，依原文本；如两文本文义相异，则在注释里予以说明。

（七）文本中的俗字、异体字，一律按今通用字，视情况酌情注明。

（八）对于文中难以辨识的字，则按原字剪贴注明。

四、对于一些抄本中的页码错乱现象，则按其前后内容及参考有关文献图籍予以厘定纠正。

五、本书在校释过程中所引用的今人研究成果，均注明其出处，以备查考；对于一般性古籍文献，为节省篇幅，仅注明年代、作者及文献名。

目录

太乙枪

提要

太乙枪又称太乙神枪全势真传，两卷，抄本。两卷卷首均钤一阴文章，文曰『陈氏涵碧山馆收藏』。其书体或行或楷，间杂草书，无版框，亦无具体抄录日期及抄写者姓名。卷一九十四页，卷二七十五页，共有动作插图六十四幅。据谱中图文内容，此谱应为清末所抄。太乙枪于二十世纪八十年代由山东省青岛市的陈若平所捐献，现藏于中国武术研究院，院藏编号为G852.23-24。

卷一包括太乙神枪全势真传、一百单八手法歌、二十四步法架子、十连对战法、二十四路出进战法、三十六路战场杀法、枪式及太乙势的部分枪势图等内容；卷二包括太乙枪的枪势图诀、八母枪起手等内容，且与戚继光的纪效新书多有相同之处。此谱较为详细地介绍了太乙枪的枪法技艺与特点，充分反映出其与明代以降的古代枪法一脉相承。耐人寻味的是，六十四幅动作插图均为徒手招势，其中部分插图式纪效新书·长兵短用说篇的枪势图相似，而有的则类同纪效新书·拳经捷要篇的拳势图。

太乙枪文白相间，既有七言、五言韵语，亦有乡里俗语及方言谐音。一些地方还间杂异体字、错别字及脱文、误文。可能是长期流传的缘故，所以此谱卷二中不少地方页码错乱。

太乙枪卷一影印

太乙槍

卷一

太乙神槍全勢真傳

太乙槍先立太乙勢為孤戰法次生兩儀勢又分四象勢為四路戰法再出八卦勢為八方戰法即變六十四大槍勢是死的每勢各有一法共六十四大槍法法是活的每有二百單八手法有陰有陽有上下中有正斜有橫豎有裡外有左右有進退有遲疾有虛實有死活不習熟煉不得分明必須習學步法架子勢煉熟手法后再學大

十連槍 十二路羣戰法二十四路出進戰法三十二路戰揭殺法時時用摩煉之巧功即能变化无窮順手使出斉手合法手要活動步要輕灵身要主壯客必安暇眼光精爽观四路耳中時二听八方入敵休慌乱心中氣要平不必听声勢即照实处走不可虛处移使虛引他進变实退遲先要逆他目自能得全勢進退不一定須要相繼行此槍之法一無招二無空回

三無没有之時神出鬼没生生不尽所以謂
变化無窮之矣噫斯道久湮僞混真傳神
而明之則存乎其人焉耳

一百单八手法歌

虚实上下中平裡外横直等情遲疾分闲趄

落投掩臁挡搖停左右進退剪攤变化生死

保定長短軟硬護衛捎掐掇罩端正抱扫拖

架撲打斬挪挑挂截騰斜飄滴挨摩指解

鎖環轉披掤抽換摘摟接探擺剁尋搁合封

滚浮劈認鉤連迎闪随靠穿領纏撓拖甩揸帶

錯展蹉蹝守冲 一百單八手法一陽為实一陰為虚共今

為二百一十六槍法得師友真傳時時摩煉自能得其妙變空靈虛也崇升高登自下而上指物而言上也自上而下降下也不偏不倚陰陽各半重團之中也成正和均平也入內至中外之对也遠離其表內之對外也不上不下不正不斜逆縱南北横也直立豎也候稱輕重等也性之動處情也除行久而緩息遲也急動不停速至疾也辨别陰陽平裂開也與作立發起也聚散敗墮落也擲

進迎合擬也遮蓋閉斂乘其不備而覆之掩
也重賣立住聽也屏除遮罩擋也動作不正搖
也止則定息停也輔助左手边左也輔助右手
边右也登升行前進也後倒遲疾趾下也齊斷
截殺剪稍前進剪也緩步按閉挑也自有而無
謂之變也陰陽運（運）行自無而有謂之化也生生
變化無窮生也硬閉捉敗空絕死也安抱全守
保也靜立不動定也多餘常远有剩長也不

不長近促 無剩也短也柔和軟也堅强硬也全
摧救助護也環繞守護圍也拒便即敢稍也
麾点归趣旨也採拾斜扫掇也周衛籠罩字
也平正直方挺端也当得平定不偏正也持挾
衆引取抱也横除扫也抽领来拖也招情往
駕也提擎擊打撲也横下打也打字意多不解全述盡
割断也不定作所随時動横抑也奔放奮列
動作收止振也如懸物挂也斷正截也掤拓

拳捎纏起騰也上下八方之不正斜也搖展
如風動旋不動飄也匕點而打擊也
流離滴也撠擊倚聽挨也情尋援轉消滅也
指取物指也撒脫解也壓拏追尋牽引鎖
也圓成一個周繞無端環也
運動旋轉搌轉也分散撋披也相牽引掤
也引援拔取抽也執出交變又重生換也挑
動而取摘也轉拳捩撋而除撥也連速交

續持受接也試摸取窺索探也提收直取擺
也閃躲斫避剁也搜求繼續長仍進八尺尋也
遮罩護衛攔也同会相偶合也大眾培緘封也
如大水流来滚也捕捉擒怀住拏也劈開劈
也識彼動靜虛実認也曲引鈎也鈎援上城雲梯也繼續牽
連接合連也相逢接送迎也躲閃躲避閃也什
倒傾穿点滴不停顛也相連相相倚靠也通晋
鑽孔委曲而入穿也統理上領下也繞束繳纏也

乱撓撓也摎取扐撓搋也小信佐照察亮也浮

取為之揸也紳佩帶也持控打雜也拔引牽援也

鈎援上城雲梯也

怒殺主攻守也長高冲飛尋殺冲也去來

挨摩扎打錯也梲動一擰展也

二十四步法架子

太乙顯聖神通廣進剪步勾挂倒又步倒捻桩

順步扫地迎風勢㧊步拉弓樣剪步剪棍轉

步背後小亮勢上步打一单合手棍下一步又小

亮勢上一步打一合手棍又立十八字步打一单陽手棍躲後顛步齊天大聖並立步倒手大又步雨飄（手）颻進叉花献又上正堂並立步重倒手又大又步雨飄（手）颻双花献立身归正堂点步偷步保守大堂乱点軍前轉身進步鑽棍逆步後轉身反身打夜又探海轉步斜步隨身一棍端四平拗步斜身推山勢後下連環步猴王抗捧出山勢起身進步美女引針後退連環步走馬回頭勢順步

將棍就膝排山塞海勢起棍過門拗步穿袖槍剪步翻花疊手剪棍閃步前顛步賣勢獨立步

十連對戰法第一連

少林槍法傳世間教人參習定坤乾上扎神鶯遷喬木中合玉蟒出龍潭下挑鼇魚海底臥平身拖桂卽回面

二連

進步展轉不一定退步拏刴使跨劒猿猴解鎖

分上下中心一点針引線

三連

翻身倒打夜叉勢面面速用使捲簾紫燕投巢

应鼻骨白鵝亮翅穿喉咽

四連

纏絲槍出蛟龍對穿林棚折變孤雁陰陽順手

左右舞蜻蜓点水撲正面

五連

一領一連分膝去一披一撬取頂尖鈎帶揨匕

裡外合虛实一变虎归山

六連

毛奔献果单膝跪灵官鞭下赶穴烟仙人指路

寻古洞又拿二郎把山担

七連

摘星換月何人曉連環槍要仔細看樓當尋

蛇翻身過躦特斤盜甲鉄旛干

八連

蛺蝶展翅有遅疾偷步劈掤龍奪渊野馬尋

巢搏角連佛面棒花向後翻

九連

穿袖槍変猴王势更鷄獨立前攪闪槍尖点

滴牛耕地提櫓抛梭向後翻

十連

太山壓卵劈華山五虎奪門來爭餐蒼龍

擺尾撲退救摩旋情等將門閔

十二路群戰法

太乙天官又拜佛扶龍通捎接撲兎乾方一動鶯迁木巽方二動單展翅艮方三動鉄旛干神方四動鷂子勢神方五動鵝亮翅離方六動走馬勢兑方七動又搖旋震方八動翻身倒打夜叉勢

二十四路出進戰法

呂布挾戟看虛实安勢出進陷入敵四夷賓服降

諸勢指南針出上挑天十面埋伏有掃迓青龍獻爪

小信使封閉槍法守门户

上穿指袖肱倚他出馬一槍迎抢着琵琶埋伏

黃龍点干一截〻進蛇弄風撲着鵪鶉不放鬆

裙攔槍法大閘户誘他來逐我中途尋剁他虛

我实搖花槍他实我虛掤退救地蛇槍法起手

披挨急刻高来直扎残鐃若他点水引針穿

軃法死中反活上驚下取槍法搖旋掃地鐵牛

耕那怕他拖刀詭詐急搗砧槍法硬上硬来

莫軟怯有此槍無空他手手伏閃吾槍就使

黑龍入洞提顛槍法順手鳳点頭披撲中取

巧進勢用騎龍生可掤退勇若逐破紙勢礙

同伏地槍百發百中拗步槍法進有撲草尋

蛇退有邊攔救護刹花滾袖似穿梭四面蒼

雲罩霧佯揄作敗回槍法逆轉硬上騎龍順步
纏崩槍靠迎封接進美花槍就是中平也破白牛
破轉角法上來鉤崩進推中来滾剁挨拏好
下来提櫓快如梭淂手青龍献爪雲中生有槍
法進步虛下撲纏伊槍動使藜花遶髓撬天
沖天鷹捉兔之法維高發身中变異任他埋伏地
蛇沖我又使摩旂扫地盡頭槍法好破他地蛇防他
顛捉起手鳳点頭披闪認直截崩退救護之法奄

轉風回驚散藜花闪賺扡梭槍法身隨槍進闪坐
剁攔捉攻硬六封槍法斜倒硬上如風退閃提攔纏捉
他如騅卯又朝天鈌扫帚迎封接靠護膝槍法高
来搖旂挨提中來如箭有虛实可用鈌牛耕地撥草
尋蛇槍法高接雖用纏挐逢中披擦直過倘他掤
退把槍还滚中平穿摩旂槍法諸勢可敵輕挨緩捉頓
敵提挐進退如風剛柔浮体

三十六路戰場殺法　即散槍乱軍之中不能定何方使何勢法也

一進五虎來爭餐二進銀瓶倒揷一枝梅三進坡下放乱箭四進老僧倒托衣五進哪吒立水面六進齐天大聖勢七進大堂乱点軍八進鳳凰乱点頭九進抗棒出山勢十進朵花出滚袖槍十一進拜佛擂宝鼓十二進箭射拓金頂十三進風吹紅葉落十四進扫地迎風勢十五進纏絲名是蛟龍對十六進黑

龍去入洞十七進赤龍將他拱十八進穿林槍要仔細使十九進仙人把路指二十路灵官鞭下誰能招二十一進翻身倒打夜叉勢二十二進双何担二十三進毛奔献果勢二十四進蜻蜓点水是鵲啄二十五進吊馬離深山二十六進鳳凰双闭翅二十七進立斧千斤鼎二十八進左右小亮勢二十九進鳳凰双展翅三十進趕棍過門美花槍三十一進金盃換玉盞三十二進双花朵朵現三十三進

摘星去摘月三十四進珍珠倒捲簾三十五進
風吹旛旂飄飄舞三十六進猛虎归大山若能學
成此槍法即有萬夫誰敢攔

以上諸法如有得反指点再能隨時摩
演自能变化無窮今名猿猴双解鎖上下十二
槍陽反陰陰反陽反陰扎陰反陽扎陽上下連環
進退不一定総要相机行予是所履几編天
下見大六合槍姚期條伯王子干温侯天

戟種之名色非不盡美然而神出鬼沒無懈可擊处泄未有如此槍之超倫逸群者或曰得此槍之秘藝實宜自留護身不可輕傳於人不可全傳於人然此特人面獸心者流之鄙見則然而正人君子等人之公心則大不然也蓋術既粉奇異其藏之櫝中珍為獨得孰若懸之國門傳之同人乎若楊成若伍負若蒼真道人若常山子龍以及唐薛宗楊明之李俱精

此槍遞相繼續名昭今古予習此技三十餘年竅妙頗得凡與及門者一不過精殫神俾其得會真傳而後快心猶恐久而失傳有負師友當日明訓因急細分法門备具架勢筆之於書以俟後之學者如同覿授庶得有所效法云爾歸儒盛傪序於灘上之日涉園

槍式

槍分三接上接頭門中接二門下接三門槍杆長一丈二尺槍頭長一尺二寸鑽長五寸槍頭須用純鋼製造合式鋒刃快利自能出入無礙剛柔得体長短如意輕重咸宜工欲善其事必先利其器欲藉爲護身之要而可漫不驚心乎慎之慎之

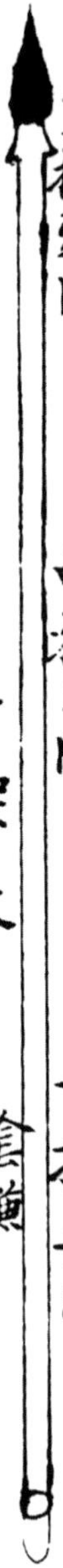

上接頭門

鈎挑撥顛点滴摟掐梢打摘

探顛 帶穿 解扎 領振換分投撞探攔

中接二門

封挐纏撿崩搁合連騰扫推撥

架展 撲轉 挨羅 摩劈 拈亮 滾搁 剪領靠迎截錯

下接三门

陰陽上下左右裡外進退内閃擋

賺挨変化挪接拖抱刹等情捉

太乙势太乙天官顯聖势朝天一炷香法左右各一亮二儀尼姑敵酒势一邊各添一炷香法四象立斬四門势前披後斬左右杜门法八卦平扫八塞势双手十字扫四角单手十字揸四方之法也此為正势变化無窮其指人指向何方指槍尖即向何方看势當便能分明

天官势

天官　朝天一炷香

夜叉探海势一名吕布夾戟势

持槍行立看守之法观其虚实分明然後交戰入敵左手速持中接右手到鑽封拏崩剪繼續出戰進戰是也

吕布夾戟势

扶龍之法將鎗横右肋下兩手持中節犁敵至速退右手到鑽隨便出槍

夜叉探海

夜叉探海持槍行立看守之法一名呂布夾戟扶龍之法

四夷賓服勢一名玉龍出潭

中平槍法為八封之主作六十四勢之元纏攬封拏通捎撲打崩挑如各手法隨便而行妙变無窮可降諸勢

四夷賓服势

四夷賓服 中平槍法一名玉龍出潭

指南針勢一名神鷹迁喬木

上平槍法上出掩天冲打中出穿楂領

連下出提扫劈擱諸势三停可降二停不

亜中平

指南針勢

指南針上平槍法一名神鷹過喬木

十面埋伏势一名鳌鱼底队

下平枪法翻搁扫還讯势扫停可降一停又不亚上平三停之中可降二停

十面埋伏势

十面埋伏

下平槍法一名鰲魚海底队

青竜献爪势

孤雁出羣槍法使短提長左手連持中節下右手到鑽纏打披拏闪賺

青龍献爪勢

青龍献爪 孤雁出羣槍法

邊攔勢

裡把門封閉槍法守門戶有纏捉顛拏閃賺

上穿指袖肱

邉攔勢

邉攔裡把门封闭槍法

鈇旛手势

外把门黄竜点槍法一截二進蛇夹風

鉄旛干势

鉄旛干 外把门黄龍点干槍法

跨劍勢

帚攔槍法大閒门户誘他来逼我中迮

弩剁

跨劍勢

跨劍帥攔槍法

铺地锦势

地蛇槍法起手披挨急刻高來直擦难

饒

鋪地錦勢

鋪地錦 地蛇槍法

朝天勢一名刀劈華山

上驚下取槍法展轉飄飄或披或打一名刀劈華山之法

朝天势

朝天上惊下取枪法一名刀劈花山

鉄牛耕地勢

急搗碓槍法硬去硬回莫軟惟有此槍無空

鉄牛耕地势

鉄牛耕地急搗硍槍法

滴水势

提顛之法順手点滴披撲中取巧進势是也

滴水势

滴水 提颠之法

騎竜勢

拗步鎗法進有扫推退有尋攔刷花滾

袖似穿梭四面蒼雲罩霧

騎竜勢

騎竜拗步鎗法

白猿拖刀勢

佯輸詐敗回槍法，逆硬上騎竜順步纏崩靠，

迎封接進就是美花槍，中平也破。

白猿拖刀勢

白猿拖刀　佯輸詐敗回槍法

抱琵琶势

白牛转角枪法上来钩崩进挫中来滚剁
挨拏好下来闪坐剁搁提攻硬

抱琵琶势

抱琵琶 白牛持角法

靈貓捉鼠勢

無中生有槍法進步虛下撲纏伊槍動使梨

花遇躍桃 天冲打

灵貓捉鼠勢

灵貓捉鼠無中生有槍法

太山雞卵勢

鷹捉兔之法維高法身中變異任他埋伏

地蛇冲我又摩旂扫地

太山壓卵勢

太山壓卵鷹捉兔法

美女引針勢

低頭槍法好破他蛇防他顛提起手鳳点

頭披閃認直截

美女引針勢

美女引針尽頭槍法

蒼龍擺尾勢

掤退救護之法電轉風回驚散梨花閃賺

蒼龍擺尾勢

蒼龍擺尾 掤退救護之法

闖鴻门势

提橹抛梭槍法身隨槍進闪坐剁攔捉攻硬

闯鸿门势

闯鸿门

提橹抛梭鎗法

伏虎势

六封槍法斜倒硬上如風退閃提搁纏捉他如雕卵又朝天鉄扫迎封接靠

伏虎势

伏虎势六封鎗法

推山塞海勢

護膝槍法高來搖旋挨提中來如箭有虛直可用鐵牛耕地低來鐵帚顛提

推山塞海勢

推山塞海勢 護膝槍法

鷂子撲鵪鶉勢

撲草尋蛇槍法高接雖用纏拏逢中披擦直過倘他掤退把槍還滾中平槍一

鴉子撲鵪鶉勢

鴉子撲鵪鶉 摟草尋蛇

八〇

太公钓鱼势

摩旂槍法諸勢可敵輕挨緩提順敵提挐

進退必風剛柔得体

太公釣魚勢

太公釣魚摩旂鎗法

五虎爭饕勢
五虎奪门槍法封拏纏攔劈進退前蹤
後挫如閃電

五虎争飱势

五虎争飱 五虎夺门鎗法

倒浪势

银瓶倒挿一枝梅枪法翻腾点错硬软进

退巧耿

倒浪势

倒浪势

銀瓶倒插一枝梅

拉弓势 一名大蟒探头

披下乱箭枪法 披打掤桅缠揜封拏三进四退

拉弓势

拉弓势 坡下乱箭槍法亦名大蟒摇頭

捲簾勢

箭彷金頂之法封拏纏展左挪右剪掃

掇復退復進

捲簾勢

捲簾勢箭折金項之法

老僧倒挑衣势

单荷担之法诈美势引他追左手速接

中节下硬拔有虚实

捲僧倒拖衣

老僧倒拖衣单荷之法

哪叱立水面势

蛇夫風槍法横截拏制投掩揺停攤罕

穿打

哪吒立水面势

哪吒立水面

蛇夹槍風法

齐天大圣势
开天劈地之法直披斜拖横扫上下不定
四面蟠旋

齐天大圣势

齐天大圣势

闹天劈地之法

保守大堂势

乱点軍之法 不論前後左右俱有飄飖

披打進罩

保守大堂势

保守大堂势乱点軍之法

太乙枪卷一校释

太乙枪〔一〕 卷一

太乙神枪全势真传

太乙枪先立太乙势，为孤战法；次生两仪势，又分四象势，为四路战法；再出八卦势，为八方战法，即变六十四大枪。势是死的，每势各有一法，共六十四大枪法；法是活的，有一百单八手。法有阴有阳，有上下中，有正斜，有横竖，有里外，有左右，有进退，有迟疾，有虚实，有死活。不习熟炼（练）〔二〕，不得分明。必须习学步法，架子势，炼（练）熟手法后再学□（习）〔三〕。十连枪、十二路群战法、二十四路出进战法、三十二路战场杀法，时时用摩（磨）〔四〕炼之巧功，即能变化无穷，顺手使出举手合法，手要活动，步要轻灵，身要主壮，客必安暇〔五〕，眼光精爽观四路，耳中时时听八方。入敌

〔一〕太乙，中国传统哲学概念，又称太一、泰一，指宇宙的本原、本体。枪法名『太乙』，寓意此枪之神奇。故此谱卷一、卷二题署『太乙神枪全势真传』。

〔二〕炼，据文义，当作『练』字。后同。

〔三〕此处缺一字，据文义，应为『习』字。

〔四〕摩，据文义，应为『磨』字之误。后同。

〔五〕安暇，安闲、轻闲。

休慌乱，心中气要平，不必听声势，即照实处走，不可虚处移，使虚引他进，变实退迟。先要迷他目，自能得全势，进退不一定，须要相继行。此枪之法，一无招，二无空回，三无没有之时，神出鬼没，生生不尽，所以谓变化无穷之矣！噫，斯道久湮，伪混真，传神而明之，则存乎其人焉耳。

一百单八手法歌

虚实，上下中平〔一〕，里外横直〔二〕等情〔三〕，迟疾分（封）闭〔四〕，起落投掩，赚挡摇停，左右进退，剪摊变化，生死保定，长短软硬，护卫捎（削）〔五〕指，掇罩端正，抱扫拖架，扑打斩挪，挑挂截腾，

〔一〕上下中平，指上、中、下三平枪，即高、中、低三种持枪姿势。皆属于明清枪法术语，沿用至今。

〔二〕里外横直，里外又称内外，指武术演练或对抗时的身体部位形态，以中平枪右架为例，左侧及右手内侧形成的区域为『里』，右肩及右手的外侧（右侧）形成的区域为『外』。横直，指枪与身体形成的形态，枪身与持枪人额状面平行为『横』，枪身与身体额状面垂直为『直』，如扎枪为直，枪回收拦击为『横』。

〔三〕情，情况。

〔四〕分，据文义，应为『封』字之误。封闭，为防守型枪法。

〔五〕捎，据文义，应为『削』字之误。削，指武术拳术或器械的横击进攻动作。

斜飘滴挨，摩拈解锁，环转披掤〔一〕，抽换摘拨，接探摆剁（躲）〔二〕，寻拦合封，滚拿劈认，钩连迎闪，颠靠穿领，缠挠挑亮，揸（扎）〔三〕带错【展压援守冲】。一百单八手法，一阳为实，一阴为虚，共合为二百一十六枪法，得师友真传，时时摩（磨）炼，自能得其妙，变空灵虚也。

崇升高登，自下而上，指物而言，上也；自上而下降，下也；不偏不倚，阴阳各半重围之，中也；成正和均，平也。入内至中，外之对，内也；远离其表，内之对，外也。不上不下，不正不斜，逆纵南北，横也；直立，竖也。候〔四〕称轻重，等也；性之动处，情也。徐行久而缓息，迟也；急动不停速至，疾也。辨别阴阳平裂，分开也；兴作立废，起也；聚散败坠，落也；掷进迎合，投也；遮盖闭敛，乘其不备而覆之，掩也。重卖立传，赚也；屏除遮罩，挡也。动作不正，摇也；止则定息，停也。辅助左手边，左也；辅助右手边，右也；登升行前，进也。后倒迟疾跸（坐）〔五〕，下也；齐断截杀，剪稍前进，剪也；

〔一〕披掤，枪术技法，疑为劈枪和掤枪。自上而下，枪走立圆，以前手为支点，力达枪头前段，为『劈枪』；自下而上，枪走立圆，以前手为支点，力达枪头前段，为『掤枪』。戚继光在枪法『六合』中记载：『先有白拿枪，掤退枪救护，后有白拦进步，如猫捉鼠。』（戚继光：纪效新书：十四卷本，范中羲校释，中华书局，二〇〇一，第一六二页。）掤劲是太极拳的基本劲法之一，是一种由内向外发的弹性力。掤劲用于推手，既具有缓冲承接来力的捧架作用，又有沾随其去而掷之的崩发作用。太极拳手法中将以手臂捧架对方的动作称为『掤』。（中国武术大辞典编辑委员会编著中国武术大辞典，人民体育出版社，一九九〇，第三一五页。）

〔二〕剁，据文义，应为『躲』字之误。后同。

〔三〕揸，据文义，应为『扎』字之误。后同。

〔四〕候，等候之意。

〔五〕跸，据文义，应为『坐』字之误。

缓步按开，摊也〔一〕。自有而无，谓之变也；阴阳运行，自无而有，谓之化也。生生变化无穷，生也；硬开捉败空绝，死也。安抱全守，保也；静立不动，定也。多余常远有剩，长也〈不〉〔二〕；不长近促无剩，短也。柔和，软也；坚强，硬也。全摊救助，护也；环绕守护，围也。于便即取，稍（捎）〔三〕也；麾点归趣，旨也；采拾斜扫，掇也；周卫笼罩，罩也；平正直方起，端也；当得平定不偏，正也；持挟众引取，抱也。横除，扫也；抽领来，拖也；招情往，驾也。捉拿击打，扑也；横下，打也【打字意多，不能全述】。尽割，断也；不定传所，随时动换，挪也。举救奋列，动作收止，振也；如悬物，挂也。断正，截也。掤扐（指）〔四〕发揜缠起，腾也；上下八方之不正，斜也。摇展如风，动旋不动，飘也；七点而打，击也。流离，滴也；推击倚赚，挨也。情等援转消，灭也；指取物，拈〔五〕也。散脱，解也；屈拿追寻牵引，锁也。圆成一向，回绕无端，环也；运动旋转，辗转也。分散开，披也；相牵引，掤也。引援拔取，抽也；新出交变又重生，换也。挑动而取，摘也；转发捩〔六〕开而除，拨也。连速交续持受，接也；试摸取窥索，探也。提收直取，摆也；闪赚所避，挆（躲）也。搜求继续长仍进八尺，

〔一〕剪摊，防守型枪法，动作特点类似『拨草寻蛇』动作，用于截击对方进攻脚膝下盘的动作。
〔二〕不，据文义，应为衍文。
〔三〕稍，据文义，当作『捎』字。
〔四〕扐，据文义，应为『指』字之误。后同。
〔五〕拈[niān]，用手夹物，捏住之意。
〔六〕捩[liè]，据文义，有扭转之意。

寻也；遮罩护卫，拦〔一〕也。同会相偶，合也；大[illegible]〔二〕培缄，封也。如大水流来，滚也；捕捉擒怀传，拿也。劈开，劈也；识彼动静、虚实，认也。曲引，钩也【钩援上城，云梯也】；继续牵连接合，连也。相逢接送，迎也；躲闭躲避，闪也。什倒倾穿、点滴不停，颠也；相连相〈相〉〔三〕倚，靠也。通贯钻孔，委曲而入，穿也；统理上领下，领也。绕东缴，缠也；乱挠，搅也。拨取扐（指）挠，挑也；小信佐照察，亮也。浮取为之，揸〔四〕也；绅佩，带也。持按打，压也；拔引牵，援也【钩援上城，云梯也】。怒救主攻，守也；长高冲飞寻杀，冲也。去来挨摩扎打，错也；桄（晃）〔五〕动一拧，展也。

〔一〕拦，拦枪、拿枪同属于防守还击枪法，或称吃枪还枪的招法。拦枪和拿枪构成一个圆，各占半个圆。拦枪时前手外翻，枪杆紧贴腰部，枪尖向左下方划弧。

〔二〕[illegible]，此字难以识别，待考。

〔三〕相，据文义，似为衍文。

〔四〕揸，据文义，有用手指撮东西之意。

〔五〕桄，据文义，当作『晃』字。

二十四步法架子

太乙显圣神通广，进剪步〔一〕勾挂，倒义（叉）步〔二〕倒捻粧（桩）〔三〕；顺步〔四〕扫地迎风势，拗步拉弓样，剪步剪棍转步，背后小亮势；上步打一单合手棍，下一步又小亮势；上一步打一合手棍，又立小八字步；打一单阳手棍，躲后颠步，齐天大圣并立步。倒手大义（叉）步，两手飘摇双花献；又上正堂并立步，重倒手又大义（叉）步，两手飘飖双花献，立身归正堂；点步偷步保守，大堂乱点军；前转身进步压棍，逆步后转身，反身打夜义（叉）探海；转步斜步，随身一棍；端四平，拗步斜身推山势；后下连环步，猴王抗（扛）〔五〕棒出山势；起身进步，美女引针；后退连环步，走马回头势；顺步将棍就膝，推山塞海势；起棍过门，拗步穿袖枪；剪步翻花，叠手剪棍；闪步前颠步，卖势独立步。

〔一〕剪步，古代步法用语，即今跟步（中国武术大辞典编辑委员会编著中国武术大辞典，第二四七页）。跟步即前脚进一步，后脚依次跟一步。

〔二〕义，据文义，应为『叉』字之误。后同。叉步，又称『插步』，一腿屈膝支持重心，一腿伸直后插，身体向前腿同侧扭转，并稍前倾的姿势（同上书，第二一四页）。根据插腿方向分为插步和倒插步，其中倒插步又称为『偷步』。

〔三〕粧，据文义，应为『桩』字之误。

〔四〕顺步，与后文的拗步同为武术通用步型术语。凡是同手同脚在前的为顺步，同手异侧脚在前的为拗步。（同上书，第17页。）

〔五〕抗，据文义，当作『扛』字。

十连对战法

第一连

少林枪法传世间，教人学习定坤乾。上扎神莺迁乔木，中合玉蟒出龙潭，下拈鳌鱼海底卧，平身挑挂即回画。

二连

进步展（辗）转[一]不一定，退步拿剁（躲）使跨剑。猿猴解锁分上下，中心一点针引线。

三连

翻身倒打夜义（叉）势[二]，回面速用使卷帘。紫燕投巢应鼻骨，白鹅亮翅穿喉咽。

四连

缠丝枪，出蛟龙，斗穿林，掤斩变孤雁。阴阳顺手左右舞，蜻蜓点水扑正面。

五连

一领一连分膝去，一拔一搅取顶尖。钩带掙掙[三]里外合，虚实一变虎归山。

〔一〕展转，也作『辗转』。后同。

〔二〕夜叉势，即夜叉探海势，『乃持枪行立看守之法，遇敌变势，随机应用，无不中节』。（戚继光：纪效新书：十四卷本，第一六六页。）

〔三〕掙[chéng]，撞击、鼓槌。此处当为『撞击』之意。

六连

毛奔〔一〕献果单膝跪，灵官〔二〕鞭下起云烟。仙人指路寻古洞，又学二郎把山担。

七连

摘星换月何人晓，连环枪要仔细看。拨草寻蛇翻身劈，时阡〔三〕盗甲铁幡干（竿）〔四〕。

八连

蛱蝶展翅有迟疾，偷步劈掤龙夺渊。野马寻巢转角连，佛面插花向后翻。

九连

穿袖枪变猴王势，更鸡〔五〕独立剪搅闪。枪尖点滴牛耕地，提橹抛梭向后翻。

十连

太山〔六〕压卵劈华山，五虎夺门来争餐。苍龙摆尾扑退救，摩（磨）旗情等将门关。

〔一〕毛奔，语义不明，或为地方俚语，疑为『毛猴』。

〔二〕灵官，道教崇奉的护法尊神。道家宫观中常见的灵官形像为身披金甲红袍，三目怒视，左持风火轮，右举钢鞭，极其威武勇猛。

〔三〕时阡，当为时迁，水浒传中的人物，出身盗贼，绰号『鼓上蚤』。

〔四〕干，据戚继光纪效新书，应为『竿』字之误。后同。

〔五〕更，古代夜间的计时单位，一夜分五更，一更约两小时。到了五更快天明时，便有公鸡啼叫，人们称其为『更鸡』。前人有『三更灯火五更鸡』之说。

〔六〕太山，出自谏逐客书，即泰山，位于今山东省泰安市。后同。

十二路群战法

太乙天官叉拜佛，扶龙通捎接扑兔。乾方一动莺迁木，巽方二动单展翅，艮方三动铁幡干（竿），神方四动鹞子势，神方五动〔一〕鹅亮翅，离方六动走马势，兑方七动叉摇旗，震方八动翻身倒打夜义（叉）势。

二十四路出进战法

吕布挟戟看虚实，安势出进始入敌，四夷宾服〔二〕降诸势，指南针〔三〕出上挑天，十面埋伏〔四〕有扫迁，青龙献爪〔五〕小信使，封闭枪法守门户。

上穿指袖肱，倘他出马一枪迎。抱着琵琶埋伏，黄龙点干，一截二进蛇弄风，扑着鹌鹑不放松。裙（群）拦〔六〕枪法大开户，诱他来逐，我中途拿剁（躲）。他虚我实摇花枪，他实我虚掤退救。地蛇枪法，起手披挨急刻，高来直扎难饶。若他点水，引针穿苏法，死中反活。上惊下取枪法，摇旗扫

〔一〕神方五动，根据八卦方位推测此处应指『坎位』，即『坎方五动』。

〔二〕四夷宾服，即四夷宾服势，乃中平枪法。

〔三〕指南针，即指南针势，乃上平枪法。（戚继光：纪效新书：十四卷本，第一六七页。）

〔四〕十面埋伏，即十面埋伏势，乃下平枪法。门户紧于上平，机巧不亚中式，精于此者，诸势可降。（同上书，第一六七页。）

〔五〕青龙献爪，即青龙献爪势，乃孤雁出群枪法。势势之中，招招之内，发枪扎人，不离是法。其又称单杀手，明清枪法术语，即突然单手持枪扎向对方的枪法。（同上书，第一六七页。）

〔六〕裙，据文义，当作『群』字。群拦为拦枪的一种。后同。

地，铁牛耕［地］〔一〕，那（哪）〔二〕怕他拖刀诡诈。急捣砧枪法，硬去硬来莫软，惟有此枪无空。他年平伏闪，吾枪就使黑龙入洞。提颠枪法，顺手凤点头，披扑中取巧。进势用骑龙，出可掤退勇若还。破纸势，难同伏地枪，百发百中。拗步枪法，进有拨草寻蛇，退有边拦救护。剁（躲）花滚袖似穿梭，四面苍云罩雾。佯输乍（诈）〔三〕败回，枪法逆转，硬上骑龙，顺步缠崩靠，迎封接进。弄花枪就是中平也，破白牛转角枪法，上来钩（勾）〔四〕崩、进推，中来滚剁（躲）、挨拿好，下来提橹快如梭，得手。

青龙献爪，无中生有枪法。进步虚下扑缠，伊枪动，使梨花，遇压挑天。冲天鹰，捉兔之法，维高发身中变异，任他埋伏地蛇冲我。又使摩（磨）旗扫地，尽头枪法好，破他地蛇，防他颠捉。起手凤点头，披闪认直。截、崩、退，救护之法，电转风回，惊散梨花闪赚。抛梭枪法，身随枪进，闪坐剁（躲）拦捉攻硬。六封枪法，斜倒硬上如风，退闪提拦，缠捉他如压卵。又朝天铁扫帚，迎封接靠。护膝枪法，高来摇旗挨提（捉）〔五〕。中来如箭，有虚实，可用铁牛耕地、拨草寻蛇枪法。高接虽用缠拿，逢中披擦直过，倘他掤退把枪还，滚中平一躲。摩（磨）旗枪法，诸势可敌，轻挨缓捉，顺敌提拿，进退如风，刚柔得体。

〔一〕地，据文义所补。
〔二〕那，据文义，当作『哪』字。
〔三〕乍，据文义，当作『诈』字。
〔四〕钩，为古称法，现均称『勾』。后同。
〔五〕提，《纪效新书》作『捉』字，当是。

三十六路战场杀法【即散枪，乱军之中不能定，何方使何势，法也】

一进五虎来争餐，二进银瓶倒插一枝梅，三进坡下放乱箭，四进老僧倒挑衣，五进哪吒立水面，六进齐天大圣势，七进大堂乱点军，八进凤凰乱点头，九进抗（扛）棒出山势，十进朵花出滚袖枪，十一进拜佛擂堂鼓，十二进箭射扐（指）金顶，十三进风吹红叶落，十四进扫地迎风势，十五进缠丝名是蛟龙头，十六进黑龙去入洞，十七进赤龙将他（地）拱〔一〕，十八进穿林枪要仔细使，十九进仙人把路指，二十路灵官鞭下谁能招，二十一进翻身倒打夜义（叉）势，二十二进双何（荷）〔二〕担，二十三进毛奔献果势，二十四进蜻蜓点水是鹊啄，二十五进吊马离深山，二十六进凤凰双闭翅，二十七进立举千斤鼎，二十八进左右小亮势，二十九进凤凰双展翅，三十进起棍过门弄花枪，三十一进金杯换玉盏，三十二进双花朵朵现，三十三进摘星去换月，三十四进珍珠倒卷帘，三十五进风吹幡旗飘飘舞，三十六进猛虎归大山。若能学成此枪法，即有万夫谁敢拦。

以上诸法，如有得友指点，再能随时摩演，自能变化无穷。今名猿猴双解锁，上下十二枪，阳反阴，阴反阳，反阴扎阴，反阳扎阳，上下连环进退不一定，总要相机行事，是所履几编天下见。夫六合枪，

〔一〕他，据文义，应为『地』字之误。此句应为『赤龙将地拱』，赤龙是指传说中的神仙坐骑。

〔二〕何，据文义，当作『荷』字。

姚期〔一〕条，伯（霸）王〔二〕矛干，温侯〔三〕天戟，种种名色，非不尽美，然而神出鬼没、无懈可击，此法未有如此枪之超伦逸群者。或曰得此之秘艺，实宜自留护身，不可轻传于人，不可全传于人。然此时人面兽心者，流之鄙见则然，而正人君子等，人之公心则大不然也。盖术既称奇，与其藏之椟〔四〕中，矜为独得，孰若悬之国门，传之同人乎？若杨成〔五〕，若伍员，若养真道人，若常山子龙〔六〕，以及唐薛宗杨明之李〔七〕，俱精此枪，递相〔八〕继续，名昭今古。予习此技三十余年，窍妙〔九〕颇得，凡与及门〔一〇〕，无一不竭精殚神，俾其得会真传而后快心，犹恐久而失传，有负师友当日明训。因急细分法门，图具架势，笔之于书，以俟后之学者，如同亲授，庶得有所效法云尔。

归儒盛零，序于潍上之日涉园

〔一〕姚期，东汉著名将领，民间传说他所使用的兵器为『乌金虎头枪』。

〔二〕伯，古文中通『霸』字。伯王，即霸王项羽。

〔三〕温候，即吕布。

〔四〕椟，木盒。

〔五〕杨成，疑指明南京兵部主事。

〔六〕常山子龙，即赵云。

〔七〕唐薛宗杨明之李，此句费解，恐有误。

〔八〕递相，轮流更换，互相。

〔九〕窍妙，据文义，当作『巧妙』。

〔一〇〕及门，语出论语，意思为正式登门拜师的学生。

枪式

枪分三接（节）〔一〕，上接（节）头门，中接（节）二门，下接（节）三门。枪杆长一丈二尺〔二〕，枪头长一尺二寸〔三〕，钻长五寸〔四〕。枪头须用纯钢制造，合式，锋刃快利，自能出入无疑，刚柔得体，长短如意，轻重咸宜。工欲善其事，必先利其器。况〔五〕欲藉为护身之要，而可漫不惊心乎？慎之，慎之！

上接（节）头门：钩（勾）探颠挑带，穿援解扎颠，鎖〔六〕点振滴换，拨分指投捎，插打探摘摆。

中接（节）二门：封架展拿扑，转缠挨压搅，摩劈崩拈亮，拦滚拦合剪，连领腾靠扫，迎推截掇错。

下接（节）三门：阴赚阳挨，上变下化，左挪右接，里拖外抱，进剁（躲）退等，留情〔七〕闭捉挡。

〔一〕接，据文义，似为『节』字之误。后同。
〔二〕谱中长度均按照营造尺每尺约为32厘米计算，一寸约为3.2厘米，一丈约为3.2米。（丘光明：中国古代度量衡，商务印书馆，一九九六，第一二九页。）一丈二尺长度为3.84米。
〔三〕一尺二寸，今为38.4厘米。
〔四〕钻，兵器部位名。古代长兵如戈、戟、矛类，在柄杆的末端所装置的金属锐器。五寸为16厘米。
〔五〕况，漏字，原拳谱已做标识。
〔六〕鎖，有摇之意。
〔七〕留情，留心。

太乙势

太乙天官显圣势，朝天一炷香。法左右各一，亮二仪。尼姑献酒势，一边各添一炷香，法四象。立斩四门势，前披后斩，左右杜门，法八挂。平扫八寨势，双手十字扫四角，单手十字揸（扎）四方之法也。此为正势，变化无穷矣。指人指向何方，指枪尖即向何方，看势图便能分明。

夜义（叉）探海势【一名吕布夹戟势】

持枪行立看守之法。观其虚实分明，然后交战。入敌左手，速持中接右手到钻，封拿，崩剪，继续出战，进战是也。

吕布夹戟势

扶龙之法。将枪横右肋下，两手持中节，群敌至，速退右手到钻，随便出枪。

〔一〕天官朝天一炷香，为太乙枪的持枪静立实战准备姿势，据文义，应为高开步的抱枪动作。

天官势

天官【朝天一炷香】〔一〕

夜义（叉）探海

夜义（叉）探海【持枪行立看守之法，一名吕布夹戟扶龙之法】

四夷宾服势【一名玉龙出潭】

中平枪法。为八封之主，作六十四势之元。缠搅、封拿、通捎、扑打、崩挑如各手法，随便而行，妙变无穷，可降诸势。

指南针势【一名神鹰迁乔木】

上平枪法。上出挑天冲打，中出穿揸（扎）领连，下出提扫劈拦诸势，三停可降二停，不亚中平。

四夷宾服势

四夷宾服【中平枪法，一名玉龙出潭】

指南针势

指南针【上平枪法，一名神鹰迁乔木】

十面埋伏势【一名鳌鱼底卧】

下平枪法。翻拦扫迁，诸势扫停，可降一停，又不亚上平，三停之中可降二停。

青龙献爪势

孤雁出群枪法。使短捷长，左手速持中节，下右手到钻，缠打披拿闪赚。

十面埋伏势

十面埋伏【下平枪法，一名鳌鱼海底卧】

青龙献爪势

青龙献爪【孤雁出群枪法】

边拦势

里把门封闭枪法。守门户，有缠、捉、颠、拿、闪赚，上穿指袖肱。

铁幡干（竿）势

外把门，黄龙点枪法，一截二进蛇弄风。

边拦势

边拦【里把门封闭枪法】

铁幡干（竿）势

铁幡干（竿）【外把门，黄龙点干（竿）枪法】

跨剑势

群拦枪法。大开门户，诱他来逐我，中途拿剁（躲）。

铺地锦势

地蛇枪法。起手披挨，急刻高来，直擦难饶。

跨剑势

跨剑【群拦枪法】

铺地锦势

铺地锦【地蛇枪法】

朝天势【一名刀劈华山】

上惊下取枪法。展（辗）转飘飖，或拔或打，一名刀劈华山之法。

铁牛耕地势

急捣碓枪法。硬去硬回莫软，惟有此枪无空。

朝天势

朝天【上惊下取枪法，一名刀劈花（华）〔一〕山】

铁牛耕地势

铁牛耕地【急捣碓枪法】

〔一〕花，据文义，应为「华」字之误。

滴水势

提颠之法。顺手〔凤〕点滴（头）〔一〕，披扑中取巧，进势是也。

骑龙势

拗步枪法。进有扫摊，退有寻（边）拦〔二〕，剁（躲）花滚袖似穿梭，四面苍云罩雾。

滴水势

滴水【提颠之法】

骑龙势

骑龙【拗步枪法】

〔一〕顺手点滴，纪效新书作『顺手凤点头』，当是。

〔二〕寻，据文义，应为『边』字之误。寻拦，边拦，纪效新书有『进有拨草寻蛇，退有边拦救护』之语。

白猿拖刀势

佯输诈败回枪法。逆硬上骑龙，顺步缠［拦］〔一〕崩靠，迎封接进，就是弄花枪，中平也破。

抱琵琶势

白牛转角枪法。上来钩（勾）崩进挫，中来滚剁（躲）挨拿好，下来闪坐剁（躲）拦提攻硬〔二〕。

〔一〕拦，据纪效新书所补。

〔二〕下来闪坐剁拦提攻硬，纪效新书作『下来提撸快如梭』。

灵猫捉鼠势

无中生有枪法。进步虚下扑缠，[赚]〔一〕伊枪动使梨花，遇压挑天冲打。

太山压卵势

鹰捉兔之法。[势]〔二〕维高法（发）〔三〕，身中变异，任他埋伏地蛇冲我，又摩（磨）旗扫地。

灵猫捉鼠势

灵猫捉鼠【无中生有枪法】

太山压卵势

太山压卵【鹰捉兔法】

〔一〕赚，据纪效新书所补。

〔二〕势，据纪效新书所补。

〔三〕法，纪效新书作『发』字，当是。

美女引针势

尽头枪法。好破他（地）〔一〕蛇，防他颠捉，起手凤点头，披闪认直（真）〔二〕截（戳）〔三〕。

苍龙摆尾势

掤退救护之法。电转风回，惊散梨花闪赚。

〔一〕他，纪效新书作『地』字，当是。

〔二〕直，纪效新书作『真』字，当是。

〔三〕截，纪效新书作『戳』字，当是。

闯鸿门势

提橹抛梭枪法。身随枪进，闪坐剁（躲）拦，捉攻硬［上］〔一〕。

伏虎势

六封枪法。斜倒硬上如风，退闪提拦缠捉。他如压卵又朝天，铁扫迎封接靠。

〔一〕上，据纪效新书所补。

闯鸿门势

闯鸿门【提橹抛梭枪法】

伏虎势

伏虎势【六封枪法】

推山塞海势

护膝枪法。高来摇旗挨提，中来如箭有虚真，可用铁牛耕地，低来铁帚颠提。

鹞子扑鹌鹑势

扑（拨）〔一〕草寻蛇枪法。高接虽用缠拿，逢中拔擦直过。倘他掤退把枪还，滚中平枪一［躲］〔二〕。

推山塞海势
推山塞海势【护膝枪法】

鹞子扑鹌鹑势
鹞子扑鹌鹑【拨草寻蛇】

〔一〕扑，据文义，应为『拨』字之误。
〔二〕躲，据文义及纪效新书所补。

太公钓鱼势

摩（磨）旗枪法。诸势可敌，轻挨缓提，顺敌提拿，进退如风，刚柔得体。

五虎争餐势

五虎夺门枪法。封拿缠搅劈，进退前蹿，后挫如闪电。

倒浪势

银瓶倒插一枝梅枪法。翻腾点错，硬软进退巧取。

拉弓势【一名大蟒摇头】

坡下乱箭枪法。披打挪挑，缠搅封拿，三进四退。

卷帘势

箭扐（指）金顶之法。封拿缠展，左捌右剪扫掇，复退复进。

老僧倒挑衣势

单荷担之法。诈弄势引他追，左手速接中节下，硬披有虚实。

卷帘势【箭扐（指）金顶之法】

老僧倒挑衣〔二〕【单荷之法】

〔一〕老，据文义所补。

〔二〕此动作与纪效新书·拳经捷要篇的『懒扎衣』相同。

哪吒立水面势

蛇弄风枪法。横截拿剁（躲），投掩摇停，摊罩穿打。

齐天大圣势

开天劈地之法。直披斜挑横扫，上下不定，四面蟠（盘）〔二〕旋。

〔一〕蛇弄枪风法，据文义，应为『蛇弄风枪法』之误。

〔二〕蟠，据文义，当作『盘』字。

哪吒立水面势

哪吒立水面【蛇弄枪风（风枪）法〔一〕】

齐天大圣势

齐天大圣势【开天劈地之法】

保守大堂势

乱点军之法。不论前后左右，俱有飘飖，披打进罩。

保守大堂势【乱点军之法】

太乙枪卷二影印

太乙搶 卷二

太乙神鎗全勢真傳

卷二

走馬回頭勢

走馬回頭

走馬回頭勢

四面蒼雲旱霧迷拷硬上壓棍纏挑掛

進步錯楂

鳳点頭勢

鳳点頭

鳳点頭勢

鴉對槍法点滴遮蓋一通一梢展轉披拏

濫他槍不淂反起

猴王抗棒出山势

猴王抗棒

猴王抗棒出山勢

羅漢打坐架金梁之法若他不來進即丢

此勢若他來追即速躍起迸转身撤單

手槍此鎗百發百中力透重圍

把劒勢

把劒

把劍勢

朵花滾袖槍一領連纏展翻打轉劈錯趲

退相继而行

拜佛势

拜佛

拜佛势
欲擂掛金鼓槍法乱撲乱献打四面斜正步法剪
棍

倒捻粧势

倒捻妝

倒捻粧勢

風吹落紅葉之法下左腿隨揸情槍崩剪披擦

竹帚掃沙地勢

竹帚扫沙地

竹帚扫沙地势

迎风逆风之法前後左右掃推中有横截

上有剪掇

鮫龍對勢

蛟龍對

蛟龍對勢

纏絲槍法退有纏繞展披進有封拏遮罩

通捎滾錯鈎摩此槍第一細鎗

背後小亮

背後小亮

背後小亮勢
白鵝亮翅之法披撿進步崩架披打下步
斜斬翻騰

黑龍入洞勢

黑龍入洞

黑龍入洞勢

穿袖鎗法轉身摩揸隨彼槍挨靠直入袖肱或一退平去一单手槍名爲孤注是也

翻身倒打夜叉势

翻身倒打

翻身倒打夜叉勢

立斬白蛇之法後有崩剪進步封拿拋掛下

步纏攪披揸

赤鼋拱地势

赤鼋拱地

朱竜拱地势

臥虎踵起抖毛槍法崩騰隨彼槍立身展錯

披擦

搖旂領軍勢

搖旂領軍

揺旂領軍勢

乱彼軍之法槍尖冲天或飄蕩或披截直戳

或斜倒尋撊擺剁或硬封硬拏

牵牛過堂势

牵牛過堂

牽牛過堂勢

穿林槍法用物將身並槍一擋彼來追上時速身回立起一崩硬向彼搓去此槍亦兵空生絕妙

仙人指路势

仙人指路

仙人指路勢

針引線之法撒左手上步〻單手槍下步

領連崩挑取巧進勢

灵官鞭势

灵官鞭

灵官鞭势

举金鞭寻擦世界之法偷观八方動静然

後取巧進步下槍

二郎担山势

二郎担山

二郎担山势

双何担之法一退一進闪賺騰挪或单手發槍或下步左手速持槍披拿崩剪挑亮

毛奔現果勢

毛奔現果

毛夲献藥勢

献文書寬時至之法引他槍即來速起逆

轉身披斬髽截尋攔合封

蜻蜓点水势

蜻蜓点水

蜻蜓点水势

鹘啄碎米之法点滴起落流滴闪制盖

罩披打

鳳凰单展翅势

鳳凰单展

鳳凰單展翅勢

立斬華雄之法一劈進步一崩剪一展翻

披援鉤肩項此槍氣空過

更鷄獨立勢

更鷄獨立

更鵰獨立勢

鈎虎離山之法似進非進似退非退守有

飄飄進有剪撓闪賺不分死活

鳳凰双閉翅勢

鳳凰双闭翅

鳳凰双闭翅势

左右群棍法上有剪掛披翻中有封拏

纏展下有左撥右勾

拗步大亮势

拗步大亮

拗步大亮势

刀斧金鼎之法两手平端高斧一崩进步

错揸又腾起剪掇封拏缠揽

起棍過门势

起棍過门

起棍過门势

美花折桂登青雲之法一進撞拏二進封披

三進纏桃四進橫扫五進崩剪

鳳凰双展翅

鳳凰双展翅

鳳凰双展翅势

約軍前進之法拋天入撲地掃摧冲打

又朝天左右皆展轉四面騰崩披鬆

左右小亮势

棍打梨花落朵之法上有蟠旋中有滚

剁披擦下有扫截横拦

双花献上势

双花献上

双花献上势

擦花罩顶之法左披右斩前有髽棍扑打

后有闪打四角有横扫截擦

獨立推山勢

獨立推山

獨立推山勢
金杯換玉盞法進步掇剪退步崩斬
枇桂尋攔

佛面揷花势

佛面揷花

佛面摽花势一名紫鷰投巢

摘星換月之法一展揸去彼来拏吾槍

轉一撓錯揸封拏纏擾援

時遷盜甲勢

時遷盜甲

時遷盜甲勢

珍珠倒捲簾之法彼槍來到順鎗而起分披遲疾有虛實前來崩剪向後挫後來彼打轉身下

蝴蝶展翅势

蝴蝶展翅

蝴蝶展翅势

風吹旛旂未出閫之法槍尖朝地虛起虛落
長短飄颻進退不定何方

戟重虎大山势

虎归大山

虎归大山势

保守洞門之法坐有翻騰摩揸立起有援探摩搖硬去軟回滴挨錯枯尋攔合封拏制生々不尽之法也

八母槍起手

你揸我我拏槍你扎我我攔槍你扎我脚

我顛槍你上扎我提槍你下扎我橧槍你

上扎我捉槍你下扎我顛槍你槍起我纏

攔下你扎我我拏槍

一合先有圈槍為母後有封閉提拏梨

花擺頭救護要分明裡把门外把门閃賺

是花槍名曰秦王摩旂

我扎你你拿槍還槍我拿槍扎你你搁下還槍我搁槍你盡頭槍我顛槍還槍你拿槍還槍我拿槍你扎我我拿槍閃賺花槍上你拿槍還槍我扎你我我搁下閃賺花槍上你搁下還槍我搁槍你扎我尽頭槍我顛槍閃賺花槍上你拿槍還槍我拿槍我摇花槍乃秦王摩旂

二合先有纏槍後有攔槍黃龍占杵黑龍入洞拿槍救護閃賺花槍上名曰鳳点頭。

我纏你槍你扎我我攔下還槍你攔下還槍我攔槍你扎我我拿下你起槍我隨槍纏拏下你攔槍我還槍你拏下還槍我掤槍救護拿你槍你扎我我攔下我摝花槍乃鳳点頭

三合先有穿指後有袖鷂子撲鵪鶉救護闪賺花槍四面是槍法名曰白蛇弄風

你扎我我拏下闪賺花鎗上你拏槍还槍我拏槍你扎我我擱下賺花槍上你擱下還槍我擱槍我搖花槍乃曰白蛇弄風

四合先有白拏槍掤退槍救護後有白

搁進步如猫撲鼠敢護闪賺是花槍
名曰鉄掃帚
我白拏進步上扎你拿槍罷槍我掤
退救護拏槍我白搁進步上扎你你
搁鎗還槍兩搁槍我白顛進步闪賺
花槍上扎你你拏槍還槍我拏槍我搖
花槍乃鉄掃帚
五合先有四封四闭後有死中反活会

中生有迎封接闪賺是花槍名曰撥草尋蛇

你扎我我拏槍進步扎你你拏槍還槍我拏槍你扎我我擱槍進步扎你你擱鎗還槍我擱槍你拏下我槍你槍起我反拏你槍你擱下我槍你槍起我拏下你槍你拏我槍我槍闪賺過擱你槍你擱我槍我鎗闪過拿你槍你扎進頭鎗我顛鬧

捉你反起扎我我攔下閃賺花槍上你
攔槍還槍我攔槍我採花槍乃撥草
尋蛇
六合一截二進三攔四纏五拿六直閃賺是
花槍下遊場撥草尋蛇上遊場秦王
摩旂
一接二進三拿四纏五攔六直大遊場秦
王摩旂鐵掃帚必坼路群攔槍伏虎

鎗地蛇槍破地蛇鎗尽頭槍破中平槍中平槍破中平槍々中王高低遠近都不拐高不掤低不拏當中一点难遮架去以箭來如線指人頭扎人面高低遠近都看見槍是伏腰鎖先扎手合腳疾上又加疾扎了還嬾遲

槍有三件大病一立身法不正二当扎不扎三三尖不照必上照鼻尖中照槍尖下

照脚尖你槍法我槍拏你槍不封我槍
扎來得緊去得硬不遮不架是個空

纏槍 攔槍 破纏 破攔

中平 死復生 一進 一退

一上 壹下 進步虛 下拏還槍

撲法 守法 櫓法 顛提

撥法 提法 看法 接法

身法　坐法　遲法　六封

六闲　边槍群攔　白鷂

梨花槍黑鷄　蜈蚣鑽板

白蛇弄風　鉄扫帚　朝天槍

白牛转挪拗

太乙枪卷二校释

太乙枪 卷二

太乙神枪全势真传【卷二】

走马回头势〔一〕

四面苍云罩雾，逆转硬上，压棍缠挑挂，进步错揸（扎）〔二〕。

凤点头势

鸡斗枪法。点滴遮盖，一通一捎，展（辗）转〔三〕披拿，压他枪不得反起。

〔一〕原谱卷一为先文字后图，而卷二则为先图后文字。为与卷一格式统一，卷二校释调整为先文字后图。

〔二〕揸，据文义，应为『扎』字之误。后同。

〔三〕展转，也作『辗转』。

走马回头势

走马回头

凤点头势

凤点头

猴王抗（扛）〔一〕棒出山势

罗汉打坐架金梁之法。若他不来追，即弄此势；若他来追，即速跃起，逆转身撒一单手枪。此枪百发百中，力透重围。

把剑势

朵花滚袖枪。一领连缠展翻，打转劈错揸（扎），进退相继而行。

〔一〕抗，据文义，当作『扛』字。后同。

拜佛势

欲擂挂金鼓枪法。乱扑乱敲打，四面斜，正步法，剪棍。

拜佛

倒捻粧（桩）[一]势

风吹落红叶之法。下左腿随揸（扎）情枪[二]，崩剪披擦。

〔一〕粧，据文义，应为『桩』字之误。后同。

〔二〕情枪，具体语义不明，待考。

竹帚扫沙地势

迎风逆风之法。前后左右扫摊，中有横截，上有剪掇。

蛟龙斗势

缠丝枪法。退有缠绕展披，进有封拿遮罩，通捎滚错钩摩，此枪第一细枪。

〔一〕鲛，据文义，当作『蛟』字

竹帚扫沙地势

鲛（蛟）〔一〕龙斗势

背后小亮势

白鹅亮翅之法。披搅进步，崩架披打，下步斜斩翻腾。

黑龙入洞势

穿袖枪法。转身摩揸（扎），随彼枪挨靠，直入袖肱，或一退，平去一单手枪，名为『孤注』是也。

〔一〕势，据前后文所补。

翻身倒打夜义（叉）〔一〕势

立斩白蛇之法。后有崩剪，进步封拿，挑挂下步，缠搅披揸（扎）。

朱（赤）〔二〕龙拱地势

卧虎睡起抖毛枪法。崩腾随彼枪，立身展错披擦（插）〔三〕。

〔一〕义，据文义，应为『叉』字之误。后同。

〔二〕朱，指大红色，与『赤』字意同，然此处似『赤』字为妥。

〔三〕擦，据文义，应为『插』字之误。后同。

摇旗领军势

乱彼军之法。枪尖冲天，或飘荡，或披截直压，或斜倒寻拦摆剁（躲）〔一〕，或硬封硬拿。

牵牛过堂势

穿林枪法。用物将身并抢（枪）〔二〕一挡，彼来追上时，速身回立起一崩，硬向彼揸（扎）去，此枪亦无空出，绝妙！

〔一〕剁，据文义，应为『躲』字之误。后同。

〔二〕抢，据文义，应为『枪』字之误。后同。

仙人指路势

针引线之法。撒左手上步一单手枪，下步领连崩挑，取巧进势。

灵官鞭势

举金鞭寻擦（察）[一]世界之法。偷观八方动静，然后取巧进步下枪。

〔一〕擦，据文义，似为『察』字之误。

二郎担山势

双何（荷）〔一〕担之法。一退一进，闪赚（展）腾挪〔二〕，或单手发枪，或下步左手速持枪，披拿崩剪挑亮。

毛奔献果势

献文书窥时至之法。引他枪，即来速起，逆转身披斩压截，寻拦合封。

二郎担山势

二郎担山

毛奔现（献）〔三〕果势

毛奔现（献）果

〔一〕何，据文义，当作『荷』字。

〔二〕闪赚腾挪，据其语言习惯应为『闪展腾挪』，乃指身法变化。

〔三〕现，据文义，应为『献』字之误。后同。

蜻蜓点水势

鹊啄碎米之法。点滴起落，流漓（离）〔一〕闪剁（躲），盖罩披打。

凤凰单展翅势

立斩华雄之法。一劈进步一崩剪，一展翻披援钩（勾）〔二〕肩项，此枪无空过。

蜻蜓点水势

蜻蜓点水

凤凰单展翅势

凤凰单展［翅］〔三〕

〔一〕漓，据文义，当作『离』字。

〔二〕钩，据文义，应为『勾』字之误。

〔三〕翅，据文义所补。

更鸡独立势

钩（调）[一]虎离山之法。似进非进，似退非退，守有飘摇，进有剪搅，闪赚不分死活。

更鸡独立势

更鸡独立

凤凰双闭翅势

左右压棍法。上有剪挂披翻，中有封拿缠展，下有左拨右勾。

凤凰双闭翅势

凤凰双闭翅

[一]钩，据文义，应为『调』字之误。

拗步大亮势

力举金鼎之法。两手平端高举，一崩进步错揸（扎），又腾起剪掇，封拿缠搅。

起棍过门势

弄花折桂〔一〕登青云之法。一进揸（扎）拿，二进封披，三进缠挑，四进横扫，五进崩剪。

〔一〕折桂，古代多用于比喻科举及第。

拗步大亮势

起棍过门势

凤凰双展翅势

约军前进之法。挑天又扑地，扫摊冲打又朝天，左右皆展（辗）转，四面腾崩披压。

左右小亮势〔二〕

棍打梨花落朵之法。上有蟠（盘）〔三〕旋，中有滚剁（躲）披擦（插），下有扫截横拦。

双花献上势

擦（插）花罩项之法。左披右斩，前有压棍扑打，后有闪打，四角有横扫截擦（插）。

〔一〕势，据上下文所补。
〔二〕原谱『左右小亮势』无图。
〔三〕蟠，据文义，当作『盘』字。

凤凰双展翅〔势〕〔一〕

凤凰双展翅

双花献上势

双花献上

独立推山势

金杯换玉盏法。进步掇剪，退步崩斩，挑挂寻拦。

佛面插花势【一名紫雁投巢】

摘星焕（换）[一]月之法。一展（辗）揸（扎）去，彼来拿吾枪，转一搅错，揸（扎）封拿缠援。

〔一〕焕，据文义，应为『换』字之误。

时迁盗甲势

珍珠倒卷帘之法。彼枪来到，顺枪而起分披，迟疾有虚实，前来崩剪向后挫，后来彼打转身下。

蝴蝶展翅势

风吹幡旗未出关之法。枪尖朝地，虚起虚落，长短飘摇，进退不定何方。

时迁盗甲势

时迁盗甲

蝴蝶展翅势

蝴蝶展翅

虎［归］〔一〕大山势

虎归大山

虎归大山势

保守洞门之法。坐有翻腾摩揸（扎），立起有援探摩摇，硬去软回，滴挨错拈寻，拦合封拿剁（躲），生生不尽之法也。

八母枪起手

你扎我，我拿枪；你扎我，我拦枪；你扎我脚，我颠枪；你上扎，我提枪；你下扎，我橹（撸）〔二〕枪；你上扎，我捉枪；你下扎，我颠枪；你枪起，我缠拦下；你扎我，我拿枪。

一合：先有圈枪为母，后有封闭提拿，梨花摆头，救护要分明。里把门，外把门，闪赚是花枪，名曰『秦王摩（磨）〔三〕旗』。

我扎你，你拿枪还枪，我拿枪。［我］〔四〕扎你，你拦下还枪，我拦枪，你尽头枪，我颠枪还枪，你拿枪还枪，我拿枪。你扎我，我拿枪，闪赚花枪上，你拿枪还枪，我［拿枪］〔五〕。你扎我，我拦下，

〔一〕归，据前后文所补。
〔二〕橹，据文义，应为『撸』字之误。撸枪，用枪前端往左右两侧拦击的防守型枪法。后同。
〔三〕摩，据文义，应为『磨』字之误。后同。
〔四〕我，据纪效新书·长兵短用说篇所补。
〔五〕拿枪，据纪效新书·长兵短用说篇所补。

闪赚花枪上，你拦下还枪，我拦枪。你扎我尽头枪，我颠枪，闪赚花枪上，你拿枪还枪，我拿枪。我摇花枪，乃秦王摩（磨）旗。

二合：先有缠枪，后有拦枪。黄龙占杵，黑龙入洞，拿枪救护，闪赚花枪上，名曰『凤点头』。

我缠你枪，你扎我。我拦下还枪，你拦下还枪，我拦枪。你扎我，我拿下，你起枪，我随枪缠拿下。你拦枪，我还枪，你拿下还枪，我掤抢（枪）救护拿你枪。你扎我，我拦下，我摇花枪，乃凤点头。

三合：先有穿指，后有穿袖，鹞子扑鹌鹑。救护闪赚是花枪，四面是枪法，名曰『白蛇弄风』。

你扎我，我拿下，闪赚花枪上。你拿枪还枪，我拿枪。你扎我，我拦下，闪赚花枪上。你拦下还枪，我拦枪。我摇花枪，乃曰白蛇弄风。

四合：先有白拿枪，掤退枪救护，后有白拦进步，如猫扑鼠，救护闪赚是花枪，名曰『铁扫帚』。

我白拿进步上扎，你拿枪还枪，我掤退救护拿枪。我白拦进步上扎你，你拦枪还枪，我拦枪。我白颠进步，闪赚花枪上扎你，你拿枪还枪，我拿枪，我摇花枪，乃铁扫帚。

五合：先有四封四闭，后有死中反活，无中生有。迎封接，闪赚是花枪，名曰『拨草寻蛇』。

你扎我，我拿枪进步扎你，你拿枪还枪，我拿枪。你扎我，我拦枪进步扎你，你拦枪还枪，我拦枪。你拿下我枪，你枪起，我反拿你枪。你拦下我枪，你枪起我拿下你枪。你拿我抢，我枪闪过拦你枪。你拦我枪，我枪闪过拿你枪。你扎进头枪，我颠开捉，你反起扎我，我拦下，闪赚花枪上。你拦枪还枪，我拦枪，我摇花枪，乃拨草寻蛇。

六合：一截，二进，三拦，四缠，五拿，六直，闪赚是花枪，下游场拨草寻蛇，上游场秦王摩（磨）旗。

一接（截）[一]，二进，三拿，四缠，五拦，六直。大游场秦王摩（磨）旗，铁扫帚必无路。群拦枪、伏虎枪、地蛇枪破地蛇枪，尽头枪破中平枪，中平枪破中平枪。枪中王，高低远近都不妨。高不拦，低不拿，当中一点难遮架。去如箭，来如线，指人头，扎人面，高低远近都看见。枪是伏腰锁，先扎手合（和）[二]脚，疾上又加疾，扎了还嫌迟。

枪有三件大病：一，立身法不正；二，当扎不扎；三，三尖不照。必上照鼻尖，中照枪尖，下照脚尖。你枪法（发）[三]，我枪拿，你枪不封（动）[四]我枪扎。来得紧，去得硬，不遮不架是个空。

缠枪，拦枪，破缠，破拦，中平，死复生，一进，一退，一上，一下，进步虚，下拿还枪，扑法，守法，橹（撸）法，颠提，梭法，捉法，看法，接法，身法，坐法，迟法，六封，六闭，边枪，群拦，白鹞，梨花枪，黑鹞，蜈蚣钻板，白蛇弄风，铁扫帚，朝天枪，白牛转[illegible]（角）[五]拗。

〔一〕接，据文义，应为『截』字之误。
〔二〕合，纪效新书作『和』字，当是。
〔三〕法，纪效新书作『发』字，当是。
〔四〕封，纪效新书作『动』字，当是。
〔五〕[illegible]，此字难以识别，纪效新书作『角』字，当是。

枪势五十五图

破棍六路法谱

软功妙法

提要

枪势五十五图·破棍六路法谱·软功妙法，一册，清咸丰辛亥年（一八五一）抄本，不分卷，封页题有『张允庆　军功五品　咸丰辛亥年』字样，扉页题署『恒庆为兄官千总，余设武馆育武英。张允庆　咸丰辛亥年重阳』，字体与谱名有异，或为后来添写。此谱由山西省灵石县的张耀伦于一九八六年捐献，现藏于中国武术研究院，院藏编号为G852.23-21。

枪势五十五图·破棍六路法谱·软功妙法所涉内容大致可分为四部分。第一部分为『枪势五十五图』，其内容源自明末程宗猷的耕余剩技·少林棍法阐宗；第二部分为『破棍六路法谱』，亦出自耕余剩技·少林棍法阐宗；第三部分为『软功妙法』，主要记述了明代的八段锦功法，然其歌诀与一般所见稍有不同；第四部分为『拳械技法』，介绍了有关小红拳以及刀枪、鞭杆等技法技理，这应是此谱的重要内容，鲜见他本记述。

此谱中的『枪势五十五图』有错页，大概由于年代的久隔，有些文句已模糊不清，加上间杂的异体字、错别字等，增加了此谱阅读的难度。

枪势五十五图·破棍六路法谱·软功妙法影印

鎗勢五十五圖
破棍六路法譜
軟功步法

張允慶
軍功五品
咸豐辛亥年

恒慶为兄官千總
余設武館育武英
張允慶
咸豐辛亥年重陽

鎗勢五十五圖

高四平勢

四平高勢变換活
鎗来劄臉用拏法
劄前拳蹲身打下
棍底鎗搭袖可脱

中四平势

中四平势真個奇
神出鬼没不易知
闔闢縱横隨意变
诸势推尊永不移

低四平勢

四平低勢上着
白蛇弄風拿提
任伊左右劈來
边群乙攔隨作
棍真可劄前拳
惟怕搭袖多削

单手剳鎗势

持棍須識合陰陽
剳人单手最為良
前手放时後手進
一寸能長一寸强
阳出阴收防救護
順立二擱收敗鎗
剳人無如此着妙
冲平一点是鎗王

高搭袖勢

勢名搭袖棍壁立
前虛後實在呼吸
側身斜劈非真劈
顛步平拏圈外人
力弱势低不吾降
惟怕鶴鵝單打急

邊攔勢

左搋邊攔右群攔
兩邊挐剳不爲難
惟有穿提柔拐妙
防他左右棍頭鑽

辟攔勢

伏虎勢

伏虎頭高不易推
挨捎即進莫徘徊
左右劄吾劈打易
高低劄我提提開
搭袖劈夹誰可畏
猶有四平堪取裁

地蛇鎗勢

高鎗劄面不攔遮
地蛇伏下最為嘉
他用提鎗偷步進
地蛇變作活蛇騰

提鎗勢

提主降低鎗
捉起任拏捉
難測彼穿提
甚勿漫相角

騎馬勢

騎馬非順步
推開上右足
穿袖雖可拿
不如伏虎速

穿袖勢

圈外拗難當
穿袖推開妙
群攔避裡鎗
退步人難料
上腳打旋風
定勢刀出鞘

仙人坐洞拐
穿袖上外鎗
鎗来坐洞躲
躲過便發鎗
单手疾如火

烏龍翻江勢

兀立犀攔左右拏
再用翻江方得確
他棍不論假和真
我纏棍底盡拏捉
左拉右拉步緊跟
還鎗跳出尤拏着

披身势

圈内先须発哄鎗
順势披身亦不迫
他上穿提来逼吾
拖戟退時隨手拏
回身右足推向前
便成騎馬敵人側

呂布倒拖戟

抽身拖戟是退势
門户在梢节闲闭
進步捏拿均四平
探闲騎馬圈外济
欲知单手進劄人
惟有梢闲方可制

飛天叉勢

飛天叉勢圈外防
穿提須用纏捉救
虎口搶來伏虎擱
此勢手與翻江異
安換出入輩一般

陳香劈華山勢

劈山右手前
打下明放隙
圈外乘吾虛
順勾隨順勢

通神勢

通神之勢真個奇
上下左右無空着
提拿劈捏任施為
縱他左右能拿劈
边群二擱順勢走

劈勢

劈捞立自磨旗
特輪後手鉺入
搶來縮手一劈
彼郎（拔撊）遮躱何及

順步劈山
圈外立劈山
陰拳順推出
跟（棍）棍削前拳
快似剪子股

剪子股

手不同兮用則同
剪子股捞頦穿袖
提掌不怕劄高低
劈劄何愁攻左右
圈裡圈外他拿閙
劈山劈祭我退救

鉄牛耕地

鉄牛耕地甚剛強
掮上打下最难當
撲鵪鶉来硬打硬
莫若変势另思量

孤鴈出群

圈外有敗鎗
孤雁出羣去
囬打扑鵪鶉
無論单双手

敬德倒拖鞭

圈裡有敗鎗
拖鞭是救護
風捲殘雲入
刀出鞘回顧
双手劈開鎗
群攔進左步

刀出鞘

刀出鞘棍在後
单手棍打入
拉鞭向後走
再進風捲殘雲
依旧出鞘单手

定膝勢

定膝立勢似伏虎
劈拏捏打索為主
倘遇搭袖高打來
順火二探來補救

潛龍勢

潛龍根首二洛
訛勢以靜降
の路無定着
惟防乎口鑢

倒拉荆棘

劄人一鎗根丢後
此是送局称诓闹
打前去後有多般
均與拖鞭莫差讹

二郎担山

勢担勢用兩般
劄來撩打安出鞘
不劄推閑劈華山

[illegible]襠乱劈势

劈柴换手圈裡認

左纒右劈那步進

里風雁翅

其提横在左腰胯旁

雁翅先勾圈外鎗

鎖口割来搠打易

伯王上弓

上弓掤打雁翅同
須知左足虛實異
若從圈裡膜外穿
惟有纏攔是救地

朝天鎗

朝天三不靜以柔制之同
撊勾(下上)打腦後名喚一窩蜂
待勾回棍打高祖斬蛇礶
他拿我掃腿群探出待攻

高提势

提棍要过头
他起紊便勾
跟棍上圈外
罩顶打不倖

烏雲罩頂

罩顶在圈外
身己の根间
劈下他勾我
剪步退群攔

金剛抱琵琶

劄我靈實難知
退步穿勾且哄
認真推棍傍下
圈外鎗來尤恐
新力于此急救
生顛步平莘堪

跨劍勢

跨劍放空待人劄
打并移步安群擱
他劄勾閙復跨劍
斜工单打防㝡难

左献花

左足高懸左献花
横打换手右献花
左纏左打群探進
右纏右打穿袖加

右献花

单提手势

金雞獨立

彼劄足兮我劄面
惟懸足兮獨立便

低

低頭鎗勢

低頭鎗與提原異
偷步上斜行拉利
虎口鎗勢我不防
待乘虛巧拏難避

高搭手

搭手单提
均是哄手
後手接根
劈拿皆有

挾衫勢

挾衫姿勢甚多般
斜上出洞爲最速

一提金

入懷難用長棍
故取陰手緊密
圈外須用棍根
進步打手㝡疾

鳳凰單展翅
展翅勢開用者希
上用梢攔下根捏
進步翻梢隨打手
此着須用陰手攜

下揮勢

旋風掃地勢難擬
惟有下揮硬搪抵
順勢單手高劈下
重如霹靂快如矢

秦王跨劍

提金翻棍擠進怀
秦王跨劍棍緊挨

前攔搪

前攔搪亦陰手
棍起稍壓封
翻棍進打首

勾掛硬靠勢

前攔搪勢打圈裡
勾掛硬靠走圈外

鎖口鎗

攔搪捉下鎗
鎖口封上手

鐵扇緊關門

鐵扇略似抱琵琶
用稍順步捏捏進

撑勢

依棍不遮横硬撑
圈外掃腿亦撑住

単倒手势

倒手打退棍
接着陰陽手

破棍第一路譜

四平搭外割裡

法曰圈外搭圈裡看我立四平彼搭我圈外割我圈裡

雙封單閉

彼割我圈裡我劈開彼棍割彼圈裡或手或心或脇圈外皆同

封槍鎖口

彼割我圈裡我拏閉棍進步指彼咽喉

大梁槍

彼見我指咽喉割我膝腳我開高提彼棍

勾掛硬靠

彼見我捏棍〻則起削我手我順彼勢力勾掛進步走圈外硬打彼手

一提金

彼見我棍上打手床下打我膝脚我用棍根提彼手

上封槍

彼見我提手挑棍起我進步用棍梢打彼手

勾掛秦王跨劍

床見我打手下打我膝脚我進步用棍根提彼手彼棍則起我順彼勢勾蛙進步走圈裡劄彼心脇

前攔搪

彼見我劄心脇下劄我胯膝我移右脚用棍稍提彼手

護心鎗

彼見我提手上劄我心我揞進拿開彼棍鎖彼口

讓鎗訣口

彼見我棍鎖口彼棍起我棍我抽棍從劄彼咽喉

破棍第二路譜

外滾手黑風雁翅

我立四平彼搭我圈裡劄我圈外我用外滾手勾開棍我用雁翅偏在圈外

硬封進步鎖口

彼見我勢偏在圈外彼必劄我圈裡我硬封閘彼棍進步鎖口

腳下鎗提手

彼見我鎖口下劄我膝腳來一提彼劄我面心我拏閘彼棍後劄心面

大梁鎗勾掛烏雲罩頂

彼見我劄心面彼劄我膝腳我一提彼棍則起削手我劄順彼勢力勾掛進步走圈外打彼頭耳

剪步群攔

彼見我打頭耳彼用棍勾閘我棍我順彼勢剪步跳出走群攔

勾跨劍

彼見我立群攔劄我圈外我勾開彼棍立跨劍

打羣攔

彼見我立跨劍劄我圈裡我磅開彼棍復立群攔

進步一提金

彼我見立群攔劄我圈外我攔開彼棍進步入彼圈外彼棍下篇我脚我用棍根一提

单殺手

彼見我一提彼棍勾起削我手我丢放前手单手斜打彼手

破棍第三路譜

太公釣魚

我立魚勢開圈外门户劄我圈外

孤鴈出群

我勾拏閙彼棍走出

鷂二撲鵪鶉

彼見我走出彼隨後劄我右肩背我闪閙進步斜膀彼頭手立

群攔

群攔一封手

彼見我立群攔彼劄我圈外我攔閙彼棍復立群攔

二換手一提金

彼見我復主群攔彼劄圈外我勾開彼棍換右手在前圈外提

彼手彼棍起我進步用棍根打彼手彼棍打我膝脚我用棍[illegible]

一提

前攔塘鉄口

彼見我提手彼棍起劄我手我順彼勢力勾掛走圈裡棍劄彼

心脇彼打我脚膝我用棍根提彼手彼棍起劄我心面我用棍

根挐開彼棍鎖彼口

破棍第四路譜

小梁鎗封鎗

我棍横一字正面對彼劄心面我封開彼棍進懸左足

朝天鎗

彼見我高懸左足彼劄我圈外我進步勾開彼棍

腦後一窩蜂

我勾開彼棍進步圈外打彼腦後彼勾開我棍我順勢走圈內内打彼頭耳

一高祖斬蛇

彼見我打頭耳彼閃拿下我棍

剪步群攔

我順彼勢力掃開打彼腳剪步跳出之群攔

後攔塘前封手

彼見我立群攔剳我圈外我勾開彼棍進步圈外打彼腦後彼棍將勾起我進步打彼前手

剪步群攔

彼見我打手彼勾開我棍我順勢力剪步跳出立群攔

換手一窩蜂

彼見我立群攔剳我圈外勾開彼棍換右手左在前進步圈外打彼後腦

換手打烏雲罩頂

彼見打後腦彼勾開我棍我順彼勢力換在手在前走圈外內打彼前手

抽力不入鞘

彼打我前手彼則抽棍根我手

秦王大卸劍

彼打我前手我抽棍閃過用棍根打彼頭

破棍第五路譜

四平封鎗法

我立四平彼搭圈外劄我圈裡我拏開彼棍

倒拖荆棘不由门

我拏開彼棍我棍丟在後彼劄我心面

空中雲磨晌

我单手上撩開彼棍单手下打彼脚

敬德倒拉鞭

我掃彼脚佯輸詐敗走出

遮天不漏雨

我詐敗走出彼赶来劄我我上撩彼棍下打彼脚

刀出鞘

彼見我收出鞘彼不分左右劄我面肩我单手斜劈下再收刀出鞘

風捲残雲

彼劄我面肩我進步攬閉彼棍打彼手立群攔

腦後鎗

彼劄圈外我勾開彼棍退步如孤雁出羣

進步鎖口

彼見我退出隨後劄我我攙開彼棍彼劄我脚我提開彼棍彼劄我面我拳開彼棍偷步一提一拳鎖彼口

破棍第六路譜

一截

我立四平彼搭我圈外劄我圈裡我硬封開彼棍彼劄我圈外我又硬封開彼棍

二進

彼劄我圈裡我拏開彼棍

三 攔

我進步硬靠彼劄我圈外

四 纏

我進步伏虎打彼手劄我脚

五 封

我提開彼棍彼劄我面我拏開彼棍劄彼心面彼亦拏開我棍劄我心面我拏開彼棍剪步跳出立群攔

六 閉

彼見我立群攔劄我圈外我攔開彼棍立邊攔彼劄我圈裡我

拏閑彼棍 立群攔彼劄圈外我纏圈裡拏閑彼棍彼劄我淋我

提閑彼棍彼劄我 面我拏閑彼棍進步鑽彼口烏龍翻江梨花

三 擺頭

破棍又二路譜

外滾手

我立四平彼搭圈裏劄我圈外我用外滾手勾閑彼棍圈〻裡〻鎗〻

進〻步〻打〻伏〻虎〻

圈裡鎗進步打伏虎

彼見我外滾手勾閑 復劄我圈裡我進步伏虎打彼手

二 撊鎗穿袖 法

三〇四

彼見我圈裡打伏手彼劄我圈外我用通袖圈外推開彼棍

三進步硬靠

彼見我通袖圈外推開棍彼劄我圈裡我拏開彼棍進右步騎馬硬靠打彼手

四進步提拏

彼見我騎馬硬靠彼劄我陰膝我退右足提開棍彼劄我面我拏開棍劄披一鎗

二郎擔山

我劄彼一鎗彼拏開我用担山走出

左獻花

我二郎担山走出换右手在前懸左足立左献花彼劄我我横撩打闹棍

右献花

我横撩打闹彼棍换左手在前懸右足立右献花彼劄我我擾纏闹棍

打群攔

我擾纏闹棍打下群攔彼圈外劄我我接起闹棍進右步用穿袖圈外打彼腦後

進步腦後一窩蜂

彼見我進右步用穿袖圈外打腦後彼勾我棍我將棍梢收縮

用棍根打開彼棍我進右步圈外跟彼左脚用棍根勾彼前頸項一跌

破棍第四路譜

外滾手

我去以平彼棍圈裡劄我圈外我用外滾手刹開棍根

打對鎖口

彼見我外滾手刹開棍彼劄我圈裡我傍開棍上滾纔彼劄我向前我手我拳開進步鎖口

順步群攔

彼去我撥以彼拳我棍我閃在圈外趕步跳過去群攔

仙人掃地

彼見我立群攔劄我圈外我揭起開棍单手旋風打彼脚

刀出鞘一封手

彼見我打脚縣過我棍我立出鞘彼劄我家斜劈開棍收回復

立刀出鞘

二進步打群攔

彼見我復立刀出鞘彼劄我家打棍立群攔

腦後一窩蜂

彼見我立群攔劄我圈外我揭起開棍進右步用穿袖圈外打

截手劄一鎗出

彼見我打腦後欲勾我棍我即進左步閉棍截打彼前手一頸

圈裡一鎗　換右手在前

秥稼乱劈柴

彼見我劄一鎗彼拿閉我棍我順勢走出彼遶跟劄我換右手

在前左轉身劈打閉棍立順步劈山

順步劈山

彼見我立下上劈立劈山彼劄我圈外

剪子股

彼劄我圈外我拘閉棍進步圈裡打彼頭

剪步出鳳凰单展翅

彼見我打頭彼欲架開我棍就截打彼手順勢勾跳出單展翅

一提金

彼見我單展翅劄我進[下]面[上]我[上]右步圈外用棍稍撩開棍彼下劄我脚

上封手

彼下劄我脚我用棍根提手彼棍起削我手我進左步圈外用棍稍打彼手

鈎掛鎖口

彼見我圈外棍稍打手彼圈外下打我脚我進右步圈外用棍根提彼手彼棍起我順勢勾掛走圈裏鎖口

硬封三進步鎖口

我立四平彼劄圈外劄我圈裏我進右脚移于左劈彼前手彼劄我圈外我進左步右脚稍手下移上右劈彼前手彼劄我圈裡劈閘我進步鎖口

劈山勢

彼見我鎖口拏我閃在圈外立群攔

燕子奪窩

彼見我立群攔劄我圈外我揭起推閘根劈打前手直下及前脚面劄彼圈外剪步跳出

後剪步西牛望月

剪步出立掃閘扡戟勢乃是西牛望月

烏龍入洞

彼見我立西牛望月剳我圈外我閘上右步騎馬勢入彼圈外

閃賺花鎗鎖口

彼見我圈外上騎馬彼攔我棍我閃賺纏拏圈裡鎖口

軟功妙法

両手托天利三焦。左肝右肺如射鵰。調理脾胃須单擧。両手搬尖固腎腰。瞪目攢拳添氣力。五勞七傷向後瞧。燕展双翅开胸膈。坐馬顛々飲食消。

須戒三门六穴

一门臭臉　二门心窝　三门腎囊　両肺華穴

両鬼眼穴　両太陽穴

● 八绝十專法

一绝耳门　二絶咽喉　三绝膊槅　四绝手腕

五絶胯縫　六绝腦門　七绝膝蓋　八绝脚面

鞭杆法

其一 正提 其二 反提 其三 雲磨 其四 立披 其五 摇手

進步 其六 琵琶擼手

小红拳法

開手一掌。伯王拳。懶扎妆。扭身挑手一脚。海底炮。汉飛雁。扭肘一拳。黒虎掏心。武松打虎。一脚。左右分膝。一拳。珍珠倒捲簾。又手。又又一手。双飞雁。白馬卧道。分膝。連三脚。左右分膝。一拳。海底炮。左飛脚。双飛雁。斜行勾步。進步。扭肘一拳。收拳。

青龍出海

双手一伏。右手一擠。扭身一伏。左手一擠。扭身右手一撥。左一拳。翻身一打。左手一撲。右出一拳。退步引手。收势。跳步双手。扭身出步一撩。左一拳。翻身一打。出双手。收势。换步甩抱頭。扭身左右分手。連三拳。扭身左右分手。連三拳。進步斬手。冲天炮。扭身按手炮。進步斬手。冲天炮。翻身斬手。冲天炮。跳步云頂。左右拳。收拳。

十二名刀双

躍步平心刀。云頂。躍步平心刀。右撲。左扎。翻身一斫。左撩。右扎。退步一攬。收势。跳步三擼刀。扭身出步。左撩。左扎。翻身双砍。扎。收势。换步。左棚右扎。右棚左扎。扭身出步。双撩。三扎。扭身。出步。双分。連三扎。進步斩手。双扎。扭身一擼。一砍。撩刀。滚身双砍。跳步雲頂。平心刀。云頂。挎鼡撩刀。滾半身。收刀勢。

花鎗法

撗指。穿袖。四托鎗。扭身背扎。打一鎗。滾身打一鎗。扎。鎚扎。分頂。左右掃腿。扭身按一鎚。扭身扎一鎗。挑畫鎚大披滾身。起撩鎖口。上步挑一鎚。大滾身。起撩。復扎一鎗。上步按一鎚。大披滾身。上步挑一鎚。滾半身。十字交手。迎面披鎗。一扎。裡合。外合。左右夾站。起撩。扭身按一鎚。大披滾身。剪步一鎗。烏龍擺尾。左右拘鎗。躍步迎面披鎗。云頂一扎。大披滾身。云頂一扎。烏龍擺尾。上步挑一鎚。大披滾身。雲頂一扎。懷中抱月。

猿猴棒法

當面披打最為先。後有尉遲倒拖鞭。横手金杆如闪電。白鷂亮翅展左边。海底捞月扣肋骨。偉陀疋出藏妙懸。月裡偷瓜人难躲。倒拖錦雞不留双。排風燒火曾比武。家傳短打喜眉肩。左右攪手称聖善。上下連頭妙難言。石秀搖杀真好漢。二郎披山更古傳。智深酒醉打三門。姚期亮鞭保江山。道人拔步量天尺。太公手执釣魚杆。和尚擺袖五福殿。鐵扇封闭把門关。金剛（杵）鑽下倒心窩。順身琵琶不住彈。黄侯當陽橋喝断。秦先拍急弟守关。蘓秦背劍遊秦楚。孔明移星把斗换。暗渡陳倉真妙算。殺前顧後理當然。棒打鴛鴦身跳躍。指东投西步連環。二仙傳道由小

巷。風磨一棍上平川。金雲白云來蓋頂。棍个孤樹把根傍。烈風
掃地形勢猛。彥璋橫鎬代周元。

枪势五十五图·破棍六路法谱·软功妙法校释

枪势五十五图·破棍六路法谱·软功妙法

张允庆　军功五品　咸丰辛亥年

恒庆为兄，官千总；余设武馆育武英。

张允庆，咸丰辛亥年重阳〔一〕

枪势五十五图

高四平〔二〕势

四平高势变换活，枪来扎〔三〕脸用拿〔四〕法。

扎前拳蹲身打下，棍底枪搭袖可脱。

〔一〕此页其余字迹模糊不清，无法辨认。

〔二〕四平，应为『四平枪』，四平枪是枪法基本实战姿势，根据重心高低可分为高四平枪、中四平枪和低四平枪。

〔三〕扎，扎枪，枪法的一种，各种枪法以扎为主，拳家称：『十枪九扎，一枪不扎便是傻瓜。』（中国武术大辞典编辑委员会编著中国武术大辞典，人民体育出版社，一九九〇，第二七三页。）

〔四〕拿，拿枪，枪法的一种。枪尖向右下方画圆，直径高不过头，低不过胯；枪杆紧贴腰部，腰部用力。

中四平势

中四平势真个奇，神出鬼没不易知。阖闢（合闭）〔一〕纵横随意变，诸势推尊永不移。

低四平势

四平低势上着，白蛇弄风拿提（捉）〔二〕。任伊左右劈来，边群二拦〔三〕随作。棍高可扎前拳，惟怕搭袖多（高）〔四〕削。

〔一〕阖闢同合闭，用于武术动作，作打开和闭合之意。

〔二〕提，耕余剩技·少林棍法阐宗（以下简称少林棍法阐宗）作『捉』字，当是。

〔三〕边群二拦，拦枪的两种方法，即边拦和群拦。金一明六合枪·六合枪全解：『何谓边拦，譬如我枪由圈外扎你，你拦开我枪于右，随机扎我圈外，我即于右边就势一拦，拦势直拿至地，使你枪跌出左边，我即将枪颠起，借力扎你圈外，是谓边拦。』动作方法相同、方向相反，为『群拦』。后同。（中国武术大辞典编辑委员会编著中国武术大辞典，第二七三页。）

〔四〕多，少林棍法阐宗作『高』字，当是。

单手扎枪势

持棍须识合阴阳，扎人单手最为良。

前手放时后手进（尽）〔一〕，一寸能长一寸强。

阳出阴收防救护，顺立二拦收败枪。

扎人无如此着妙，冲（中）〔二〕平一点是枪王。

高搭袖势

势名搭袖棍壁立，前虚后实在呼吸。

侧身斜劈非真劈，颠步平拿圈外人。

力弱势低不吾降，惟怕鹌鹑单打急。

〔一〕进，少林棍法阐宗作「尽」字，当是。

〔二〕冲，少林棍法阐宗作「中」字，当是。

边拦[一]势

左号边拦右群拦，两边拿扎不为难。惟有穿提柔（揉）[二]势妙，防他左右棍头钻。

群拦势

[一]边拦，金一明《六合枪·六合枪全解》：『何谓边拦，譬如我枪由圈外扎你，你拦开我枪于右，随机扎我圈外，我即于右边就势一拦，拦势直拿至地，使你枪跌出左边，我即将枪颠起，借力扎你圈外，是谓边拦。』（中国武术大辞典编辑委员会编著《中国武术大辞典》，第二七三页。）

[二]柔，据文义，应为『揉』字之误。

伏虎势

伏虎头高不易推（摧）〔一〕，挨稍即进莫徘徊。左右扎吾劈打易，高低扎我提提开。搭袖劈来虽可畏，犹有四平堪取裁。

地蛇枪势〔二〕

高枪扎面不拦遮，地蛇伏下最为嘉（佳）〔三〕。他用提枪偷步进，地蛇变作活蛇腾。

〔一〕推，少林棍法阐宗作『摧』字，当是。

〔二〕地蛇枪势，长枪枪法，又名铺地锦势。『起手紧挨急刺，高来直㩟难饶。若他滴水认针穿，甦法死中求活。』（戚继光：纪效新书：十四卷本，范中羲校释，中华书局，二〇〇一，第一六八页。）

〔三〕嘉，据文义，当作『佳』字。

提枪势

提主降低枪，棍起任拿捉。难测彼穿提，甚勿漫相角。

骑马势

骑马非顺步，推开上右足。穿袖虽可拿，不如伏虎速。

穿袖势

圈外势难当，穿袖推开妙
群拦避里枪，退步人难料
上脚打旋风，定势刀出鞘

仙人坐洞势

穿袖上外枪，枪来坐洞躲。
躲过便发枪，单手疾如火。

乌龙翻江势

无立群拦左右拿，再用翻江方得确。他棍不论假和真，我缠棍底尽拿捉。左拉右拉步紧跟，还枪跳出尤拿着。

披身势

圈内先须发哄枪〔一〕，顺势披身示不迫。他上穿提来逼吾，拖戟退时随手拿（格）〔二〕。回身右足推向前，便成骑马敌人侧。

〔一〕哄枪，为诱敌深入性枪法，带有假动作性质。

〔二〕拿，少林棍法阐宗作『格』字，当是。

吕布倒拖戟〔一〕

抽身拖戟是退势，门户在捎（梢）〔二〕号开闭。
进步捉拿均四平，挥开骑马圈外济。
欲知单手进扎人，惟有捎（梢）开方可制。

飞天叉势

飞天叉势圈外防，穿提须用缠捉救。
虎口枪来伏虎拦，此势手与翻江异，变换出入辈（皆）〔三〕一般。

〔一〕吕布倒拖戟，吕布拖戟势，长枪枪法，亦如『白猿拖刀』，『亦佯输诈回法，逆转硬上骑龙，顺步缠拦崩靠，迎风接进弄花枪，就是中平也破』。（戚继光：纪效新书：十四卷本，第一七〇页。）

〔二〕捎，少林棍法阐宗作『梢』字，当是。

〔三〕辈，少林棍法阐宗作『皆』字，当是。

陈香〔一〕劈华山势

劈山右手前，打下明放隙。
圈外乘吾虚，顺勾随顺势。

通神（袖）〔二〕势

通神（袖）之势真个奇，上下左右无空着。
提拿劈捉任施为，纵他左右能拿劈，边群一拦顺势走（支）〔三〕。

〔一〕陈香，亦作『沉香』，中国古代神话人物。
〔二〕神，少林棍法阐宗作『袖』字，当是。
〔三〕走，少林棍法阐宗作『支』字，当是。

劈势〔一〕

劈势立自磨旗，特轮后手饵入。

枪来缩手一劈，披拦（即）〔二〕遮躲何及。

顺步劈山

圈外立劈山，阴拳顺推出。

根棍削前拳，快似剪子股。

〔一〕劈势、劈枪、轮劈枪、反劈枪，均属于进攻型枪法，动作由上向下，或走半圆，或走整圆。

〔二〕拦，少林棍法阐宗作『即』字，当是。

剪子股

手不同兮用则同，剪子股势类穿袖。

提拿不怕扎高低，劈扎何愁攻左右。

圈里圈外他拿开，劈山劈柴我退救。

铁牛耕地〔一〕

铁牛耕地甚刚强，崩上打下最难当。

扑鹌鹑〔二〕来硬打硬，莫若变势另思量。

〔一〕铁牛耕地，长枪枪法。『乃急捣碓枪法，硬来硬回莫软，唯有此枪悟空。』（戚继光：纪效新书：十四卷本，第一六九页。）

〔二〕扑鹌鹑，全称为『鹞子扑鹌鹑』，亦称『拨草寻蛇』『拨枪』。枪身呈斜面，高不过膝，枪尖连续左右摆动，用力快速短促，力达枪尖。（中国武术大辞典编辑委员会编著中国武术大辞典，第二七六页。）

孤雁出群

圈外有败枪，孤雁出群走。
回打扑鹌鹑，无论单双手。

敬德倒拖鞭

圈里有败枪，拖（拉）〔一〕鞭是救护。
风卷残云入，刀出鞘回顾。
双手劈开枪，群拦进左步。

〔一〕拖，少林棍法阐宗作『拉』字，当是。后同。

刀出鞘

刀出鞘，棍在后，单手棍打入，拉鞭向后走。再进风卷残云，依旧出鞘单手。

定膝势

定膝立势似伏虎，劈拿捉打我为主。倘遇搭袖高打来，顺变二拦来补救。

潜龙势

潜龙棍首二洛（落）[一]，诸势以静降。四路无空着，惟防虎口枪。

倒拉荆棘

扎人一枪棍丢后，此是送（逆）[二]局称诈斗。打前走后有多般，均与拖（拉）鞭无差谬。

[一] 洛，少林棍法阐宗作『落』字，当是。

[二] 送，少林棍法阐宗作『逆』字，当是。

二郎担山

势担（担山）〔一〕势，用两般，扎来撩打变出鞘，不扎推开劈华山。

庄稼乱劈柴

劈柴换手圈里认，左缠右劈那（挪）〔二〕步进。

〔一〕势担，少林棍法阐宗作『担山』，当是。

〔二〕那，据文义，当作『挪』字。

黑风雁翅【其棍横在左腰胯旁】

雁翅先勾圈外枪，锁口扎来揃（崩）打易。

伯（霸）王〔一〕上弓

上弓揃（崩）打雁翅同，须知左足虚实异。若拦圈里赚外穿，惟有缠拦是救地。

〔一〕伯王，少林棍法阐宗作『霸王』，当是。后同。

朝天枪〔一〕

朝天三不静，以柔制制（刚）〔二〕同。
勾拦打脑后，名唤一窝蜂。
待勾回棍打，高祖斩蛇確〔三〕。
他拿我扫腿，群拦出待攻。

〔一〕朝天枪，长枪枪法，纪效新书载：『乃上惊下取枪法，摇旗扫地铁牛耕，那怕他拖刀诡诈。』（中国武术大辞典编辑委员会编著中国武术大辞典，第二七九页。）

〔二〕制，少林棍法阐宗作『刚』字，当是。

〔三〕確，同『确』，有『头』之意。

高提势〔一〕

提棍要过头，他起我便勾。跟棍上圈外，罩顶打不休。

乌云罩顶

罩顶在圈外，身已入棍间。劈下他勾我，剪步退群拦。

〔一〕高提势，长枪枪法，指由下向上斜提起枪的动作，亦称抱虎归山。

金刚抱琵琶

扎我虚实难知，退步穿勾且哄。
认真推棍劈下，圈外枪来尤恐。
新力于此急救，生颠步平拿堪〔宠〕〔一〕。

跨剑势〔二〕

跨剑放空待人扎，打并（开）〔三〕移步变群拦。
他扎勾开复跨剑，斜工（上）〔四〕单打防最难。

〔一〕宠，据少林棍法阐宗所补。
〔二〕跨剑势，长枪枪法。纪效新书·长兵短用短篇·二十四枪势载：『乃裙拦枪法。大开门户诱他来逐我中途拿扎，他虚我实摇花枪，他实我虚掤退救。』（中国武术大辞典编辑委员会编著中国武术大辞典，第二七九页。）
〔三〕并，少林棍法阐宗作『开』字，当是。
〔四〕工，少林棍法阐宗作『上』字，当是。

左〔右〕献花〔势〕〔一〕

左足高悬左献花，横打换手右献花。左缠左打群拦进，右缠右打穿袖加。

右献花

单提手势

〔一〕左献花，少林棍法阐宗作『左右献花势』，当是。

金鸡独立

彼扎足兮我扎面，惟悬足兮独立便。

低（尽）[一]头枪势

低（尽）头枪与提原异，偷步上斜行拉（极）[二]利。

虎口枪势（示）[三]我不防，待乘虚巧拿难避。

[一] 低，少林棍法阐宗作『尽』字，当是。后同。

[二] 拉，少林棍法阐宗作『极』字，当是。

[三] 势，少林棍法阐宗作『示』字，当是。

高搭手

搭手单提，均是哄手。
后手接根，劈拿皆有。

挟衫势

挟衫变势甚多般，斜上出洞为最速。

一提金

入怀难用长棍，故取阴手紧蜜（密）〔一〕。圈外须用棍根，进步打手最疾。

凤凰单展翅

展翅势开用者希（稀）〔二〕，上用稍（梢）〔三〕拦下根提。进步翻稍（梢）随打手，此着须用阴手携。

〔一〕蜜，少林棍法阐宗作『密』字，当是。

〔二〕希，据文义，当作『稀』字。

〔三〕稍，据文义，当作『梢』字。后同。

下插势

旋风扫地势难擬〔一〕，惟有下插硬搪抵。顺势单手高劈下，重如霹雳快如矢。

秦王跨剑

提金翻棍挤进怀，秦王跨剑棍紧挨。

〔一〕擬，揣度、猜测之意。

前拦搪

前拦搪，亦阴手，棍起稍（梢）压封，翻根进打首。

勾挂硬靠势

前拦搪势打圈里，勾挂硬靠走圈外。

锁口枪〔一〕

拦搪捉下枪，锁口封上手。

铁扇紧关门

铁扇略似抱琵琶，用稍（梢）顺步提捉进。

〔一〕锁口枪，忠义拳图稿本述此动作为：『照头扎来，我枪往上迎去，转身拧枪照咽喉扎去，即往卜拉枪一扎。』（中国武术大辞典编辑委员会编著《中国武术大辞典》，第二七九页。）

撑势

低棍不遮横硬撑，圈外扫腿亦撑住。

单倒手势

倒手打退棍，接着阴阳手。

破棍第一路谱

四平搭外札（扎）〔一〕里

法曰：圈外搭，圈里看，我立四平，彼搭我圈外，劄（扎）〔二〕我圈里。

双封单闭

彼劄（扎）我圈里，我劈开彼棍，札（扎）彼圈里。或手或心或胁，圈外皆同。

封枪锁口

彼札（扎）我圈里，我拿开棍，进步指彼咽喉。

大梁枪

彼见我指咽喉，札（扎）我膝脚，我用高提彼棍。

勾挂硬靠

彼见我提棍，棍则起削我手。我顺彼势力，勾挂进步，走圈外，硬打彼手。

〔一〕札，据文义，应为『扎』字之误。后同。

〔二〕劄，据文义，当作『扎』字。后同。

一提金

彼见我棍上打手，[illegible]（彼下打我膝脚，我用棍提彼手）〔一〕。

上封枪

彼见我提手，彼棍起。我进步，用棍稍（梢）打彼手。

勾挂秦王跨剑

[illegible]（彼）〔二〕见我打手，下打我膝脚，我进步，用棍根提彼手。彼棍则起，我顺彼势，勾挂进步，走圈里，札（扎）彼心胁。

前拦搪

彼见我劄（扎）心协，下札（扎）我脚膝。我移右脚，用棍稍（梢）提彼手。

护心枪

彼见我提手，上札（扎）我心。我挤进拿开彼棍，锁彼口。

〔一〕[illegible]，此十三字字迹不清，难以识别，少林棍法阐宗作『彼下打我膝脚，我用棍根提彼手』，当是。

〔二〕[illegible]，此字难以辨识，少林棍法阐宗作『彼』字，当是。

让（滚）〔一〕枪锁口

彼见我棍锁口，彼棚（掤）〔二〕起我棍，我抽棍复札（扎）彼咽喉。

破棍第二路谱

外滚手黑风雁翅

我立四平，彼搭我圈里，劄（扎）我圈外。我用外滚手勾开棍，我用雁翅偏在圈外。

硬封进步锁口

彼见我势偏在圈外，彼必劄（扎）我圈里。我硬封开彼棍，进步锁口。

脚下枪提手

彼见我锁口，下劄（扎）我膝脚，来一提，彼劄（扎）我面心。我拿开彼棍，劄（扎）彼心面。

大梁枪勾挂乌云罩顶

彼见我札（扎）心面，彼劄（扎）我膝脚。我一提，彼棍则起削［我］〔三〕手，我则顺彼势力，勾挂进步，走圈外，打彼头耳。

〔一〕让，少林棍法阐宗作『滚』字，当是。

〔二〕棚，据文义，应为『掤』字之误。

〔三〕我，据少林棍法阐宗所补。

剪步群拦

彼见我打头耳，彼用棍勾开我棍。我顺彼势，剪步跳出立群拦。

勾跨剑

彼见我立群拦，剳（扎）我圈外。我勾开彼棍，立跨剑。

打群拦

彼见我立跨剑，剳（扎）我圈里。我劈开彼棍，复立群拦。

进步一提金

彼我见立群拦，剳（扎）我圈外。我拦开彼棍，进步入彼圈外。彼棍下扫我脚，我用棍根一提。

单杀手

彼见我一提彼棍，勾起削我手。我丢放前手，单手斜打彼手。

破棍第三路谱

太公钓鱼

我立［钓］〔一〕鱼势，开圈外门户，［彼］〔二〕剳（扎）我圈外。

〔一〕钓，据少林棍法阐宗所补。

〔二〕彼，据少林棍法阐宗所补。

孤雁出群

我勾拿开彼棍，走出。

鹞子扑鹌鹑

彼见我走出，彼随后札（扎）我右肩背。我闪开进步，斜劈彼头手，立群拦。

群拦一封手

彼见我立群拦，彼劄（扎）我圈外，我拦开彼棍，复立群拦。

二换手一提全

彼见我复立群拦，彼札（扎）圈外；我勾开彼棍，换右手在前，圈外提彼手。彼棍起，我进步，用棍根打彼手。彼棍打我膝脚，我用棍稍（梢）〔一〕一提。

前拦塘锁口

彼见我提手，彼棍起削我手。我顺彼势力，勾挂走圈里，棍劄（扎）彼心胁。彼打我脚膝，我用棍根提彼手。彼棍起札（扎）我心面，我用棍根拿开彼棍，锁彼口。

〔一〕稍，少林棍法阐宗作『梢』字，当是。

破棍第四路谱

小梁枪封枪

我棍横一字正面对，彼劄（扎）[我][一]心面。我封开彼棍，进悬左足。

朝天枪

彼见我高悬左足，彼劄（扎）我圈外，我进步勾开彼棍。

脑后一窝蜂

我勾开彼棍，进步圈外打彼脑后，彼勾开我棍，我顺势走圈内，打彼头耳。

高祖斩蛇

彼见我打头耳，彼闪拿下我棍。

剪步群拦

我顺彼势力，扫开打彼脚，剪步跳出，立群拦。

后拦塘前封手

彼见我立群拦，札（扎）我圈外。我勾开彼棍，进步圈外打彼脑后。彼棍将勾起，我进步打彼前手。

[一] 我，据文义所补。

剪步群拦

彼见我打手，彼勾开我棍。我顺势力，剪步跳出〈立〉〔一〕立群拦。

换手[打]〔二〕一窝蜂

彼见我立群拦，劄（扎）我圈外。[我]〔三〕勾开彼棍，换右手〈左〉〔四〕在前，进步圈外，打彼后脑。

换手打乌云罩顶

彼见[我]〔五〕打后脑，彼勾开我棍。我顺彼势力，换左手在前，走圈〈外〉〔六〕内打彼前手。

抽刀不入鞘

彼打我前手（彼见我打前手）〔七〕，彼则抽棍根我手。

秦王大卸剑

彼打我前手，我抽棍闪过，用棍根打彼头。

〔一〕立，据少林棍法阐宗，应为衍文。

〔二〕打，据少林棍法阐宗所补。

〔三〕我，据文义所补。

〔四〕左，据少林棍法阐宗，应为衍文。

〔五〕我，据文义所补。

〔六〕外，据少林棍法阐宗，应为衍文。

〔七〕彼打我前手，少林棍法阐宗作『彼见我打前手』，当是。

破棍第五路谱

四平封枪法

我立四平，彼搭圈外，劄（扎）我圈里，我拿开彼棍。

倒拖荆棘不留门

我拿开彼棍，我棍丢在后，彼劄（扎）我心面。

空中云磨眴（响）〔一〕

我单手上撩开彼棍，单手下打彼脚。

敬德倒拉鞭

我扫彼脚，佯输诈败走出。

遮天不漏雨

我诈败走出，彼赶来劄（扎）我，我上撩彼棍，下打彼脚。

刀出鞘

彼见我收出鞘，彼不分左右札（扎）我面肩，我单手斜劈下，再收刀出鞘。

〔一〕眴，少林棍法阐宗作『响』字，当是。

风卷残云

彼劄（扎）我面肩，我进步搅开彼棍打彼手，立群拦。

脑后枪

彼劄（扎）圈外，我勾开彼棍，退步如孤雁出拦（群）〔一〕。

进步锁口

彼见我退出，随后札（扎）我。我搅开彼棍，彼札（扎）我脚，我提开彼棍。彼劄（扎）我面，我拿开彼棍，偷步一提一拿锁彼口。

破棍第六路谱

一截〔二〕

我立四平，彼搭我圈外，劄（扎）我圈里，我硬封开彼棍。彼劄（扎）我圈外，我又硬封开彼棍。

二进〔三〕

彼札（扎）我圈里，我拿开彼棍。

〔一〕拦，少林棍法阐宗作『群』字，当是。

〔二〕截，一种防守型枪法。对方从我方枪下正中扎我方手背或腹部，我方封闭提拿皆来不及用，只能上后脚、成正面，对敌横枪下压。

〔三〕进，步法，指步法应紧进而有章法。

三拦

我进步硬靠，彼劄（扎）我圈外。

四缠[一]

我进步伏虎打彼手，［彼］[二]劄（扎）我脚。

五封[三]

我提开彼棍，彼札（扎）我面，我拿开彼棍，札（扎）彼心面，彼亦拿开我棍，劄（扎）我心面。

我拿开彼棍，剪步跳出，立群拦。

六闭

彼见我立群拦，札（扎）我圈外，我拦开彼棍，立边拦。彼札（扎）我圈里，我拿开彼棍，立群拦。彼札（扎）圈外，我缠圈里，拿开彼棍。彼札（扎）我脚，我提开彼棍。彼札（扎）我面，我拿开彼棍，进步锁彼口，［名曰］[四]『乌龙翻江梨花三摆头。』

〔一〕缠，一种枪法，动作如绳子缠物一样，双手固定枪根藏于腰，枪尖画圆如碗口粗，动作高不过肩、低不过胯。

〔二〕彼，据少林棍法阐宗所补。

〔三〕封，动作似拿枪，一种防守型枪法。

〔四〕名曰，据少林棍法阐宗所补。

破棍又二路谱

外滚手

我立四平，彼搭圈里，札（扎）我圈外，我用外滚手勾开彼棍。

圈里枪进步打伏虎

彼见我外滚手勾开□（棍）〔一〕，[illegible]（彼）〔二〕札（扎）我圈里，我进步伏虎打彼手。

二拦枪穿袖

彼见我圈里打伏虎，彼札（扎）我圈外，我用通袖圈外推开彼棍。

三进步硬靠

彼见我通袖圈外推开棍，彼札（扎）我圈里。我拿开彼棍，进右步，骑马硬靠打彼手。

四进步提拿

彼见我骑马硬靠，彼札（扎）我阴膝，我退右足提开棍。彼札（扎）我面，我拿开棍札（扎）彼一枪。

二郎担山

我札（扎）彼一枪，彼拿开，我用担山走出。

〔一〕此处缺一字，少林棍法阐宗作『棍』字，当是。

〔二〕[illegible]，此字难以识别，少林棍法阐宗作『彼』字，当是。

左献花

我二郎担山走出，换右手在前，悬左足立左献花。彼札（扎）我，我横撩打开棍。

右献花

我横撩打开彼棍，换左手在前，悬右足立右献花。彼札（扎）我，我扰缠开棍。

打群拦

我扰缠开棍，打下群拦，彼圈外札（扎）我，我接起开棍进右步，用穿袖圈外打彼脑后。

进步脑后一窝蜂

[illegible]（彼）〔一〕见我进右步，用穿袖圈外打脑后，彼勾我棍，我将棍稍（梢）收缩，用棍根打开彼棍，我进右步圈外跟彼左脚，用棍根勾彼前颈项一跌。

破棍又四路谱

外滚手

我立四平，彼搭圈里札（扎）我圈外，我用外滚手勾开棍根。

〔一〕[illegible]，此字难以识别，《少林棍法阐宗》作『彼』字，当是。

打潜龙锁口（打潜龙锁口）〔一〕

彼见我外滚手勾开棍，彼札（扎）我圈里，我劈开棍，立潜龙。彼札（扎）我面，或我手，我拿开进步锁口。

剪步群拦

彼见我锁口，彼拿我棍，我闪在圈外，剪步跳出，立群拦。

仙人扫地

彼见我立群拦，札（扎）我圈外，我揭起开棍，单手旋风打彼脚。

刀出鞘一封手

彼见我打脚，躲过我棍，我立出鞘。彼札（扎）我，我斜劈开棍收回，复立刀出鞘。

二进步打群拦

彼见我复立刀出鞘，彼札（扎）我，我打［开］〔二〕棍立群拦。

脑后一窝蜂

彼见我立群拦，札（扎）我圈外，我揭起开棍，进右步，用穿袖圈外打［脑后］〔三〕。

〔一〕打潜龙锁口，此五字字迹不清，难以识别，少林棍法阐宗作『打潜龙锁口』，当是。

〔二〕开，据少林棍法阐宗所补。

〔三〕脑后，据少林棍法阐宗所补。

截手札（扎）一枪出

彼见我打脑后，欲勾我棍，我即进左步，用棍截打彼前手，⿰至页（扎彼）〔一〕圈里一枪。

庄稼乱劈柴【换右手在前】

彼见我札（扎）一枪，彼拿开我棍，我顺势走出。彼随跟札（扎），我换右手在前，左转身劈打开棍，立顺步劈山。

顺步劈山

彼见我劈立（下）〔二〕立劈山，彼札（扎）我圈外。

剪子股

彼札（扎）我圈外，我勾开棍，进[左]〔三〕步圈里打彼头。

剪步出，凤凰单展翅

彼见我打头，彼欲架开我棍，我截打彼手，顺势勾跳出，立单展翅。

一提金

彼见我单展翅，札（扎）我面，我进右步，圈外用棍稍（梢）撩开棍，彼下札（扎）我脚。

〔一〕⿰至页，此字难以识别，少林棍法阐宗作『扎彼』，当是。

〔二〕立，少林棍法阐宗作『下』字，当是。

〔三〕左，据少林棍法阐宗所补。

上封手

彼下札（扎）我脚，我用棍根提手。彼棍起削我手，我进左步圈外，用棍稍（梢）打彼手。

钩挂锁口

彼见我圈外棍稍（梢）打手，彼圈外下打我脚，我进右步，圈外用棍根提彼手。彼棍起，我顺势勾挂，走圈里锁口。

【破棍又六路谱】〔一〕

硬封三进步锁口

我立四平，彼札（扎）圈外，札（扎）我圈里，我进［左步］〔二〕、右脚移于左，劈彼前手，彼札（扎）我圈外，我进左步，右脚移于右，劈彼前手，彼札（扎）我圈里，劈开〈我〉〔三〕进步锁口。

劈山势

彼见我锁口，拿我［棍］〔四〕，［我］〔五〕闪在圈外，立群拦。

〔一〕破棍又六路谱，据少林棍法阐宗所补。
〔二〕左步，据少林棍法阐宗所补。
〔三〕我，据少林棍法阐宗，应为衍文。
〔四〕棍，据少林棍法阐宗所补。
〔五〕我，据少林棍法阐宗所补。

燕子夺窝

彼见我立群拦，札（扎）我圈外，我揭起推开棍，劈打前手，直下为前脚面，札（扎）彼圈外，剪步跳出。

后剪步西（犀）〔一〕牛望月

剪步出，立扫（梢）〔二〕开拖戟势，乃是西（犀）牛望月。

乌龙入洞

彼见我立西（犀）牛望月，札（扎）我圈外；我开上右步，骑马势入彼圈外。

闪赚花枪锁口

彼见我圈外上骑马，彼拦我棍，我闪赚缠拿，圈里锁口。

软功妙法

两手托天利三焦〔三〕，左肝右肺如射雕，调理脾胃须单举，两手搬尖固肾腰，瞪目攒拳添气力，五劳七伤向后瞧，燕展双翅开胸膈，坐马颠颠饮食消。〔四〕

〔一〕西，据文义，应为『犀』字之误。后同。

〔二〕扫，少林棍法阐宗作『梢』字，当是。

〔三〕三焦，中医学名词，指上焦、中焦和下焦。

〔四〕此八句，当为八段锦功法，然文辞与常见的稍有不同。

须戒三门六穴

一门鼻脸，二门心窝，三门肾囊。两肺华穴，两鬼眼穴，两太阳穴。

八绝十专法

一绝耳门，二绝咽喉，三绝膊桶，四绝手腕，五绝胯缝，六绝脑门，七绝□□〔一〕，八绝脚面。

鞭杆法

其一正提，其二反提，其三云磨，其四立披，其五摇□（手）〔二〕进步，其六琵琶撸手。

小红拳法

开手一掌，伯（霸）王拳，懒梳妆，扭身挑手一脚，海底炮，汉飞雁，扭肘一拳，黑虎掐（掏）〔三〕心，武松打虎，一脚，左右分膝，一拳，珍珠倒卷帘，乂（叉）〔四〕手，又乂（叉）一手，双飞雁，白马卧道，分膝，连三脚，左右分膝，一拳，海底炮，左飞脚，双飞雁，斜行要步，进步，扭肘一拳，收拳。

〔一〕原文有缺损，难以识别，待考。

〔二〕原文字迹模糊，据文义，疑为『手』字。

〔三〕掐，按习惯，似为『掏』字之误。

〔四〕乂，据文义，应为『叉』字之误。后同。

青龙出海

双手一伏，右手一掼，扭身一伏，左手一掼。扭身右手一拨，左一拳，翻身一打，左手一掼，右出一拳，退步引手，收势。跳步双□手，扭身出步一拨，左一拳，翻身一打，出双手，收势。换步虎抱头。扭身左右分手，连三拳，扭身左右分手，连三拳，进步斩手，冲天炮，扭身按手炮，进步斩手，冲天炮，翻身斩手，冲天炮，跳步云顶，左右拳，收拳。

十二名刀【双】

跃步平心刀，云顶跃步平心刀，右掼，左扎，翻身一斫，左拨，右扎，退步一搅，收势。跳步三撸刀，扭身出步，右拨，左扎，翻身双砍，扎，收势。换步，左掤右扎，右掤左扎，扭身出步，双拨，三扎，扭身出步，双分，连三扎，进步斩手，双扎，扭身一撸，一砍，撩刀，滚身双砍，跳步云顶，平心刀，云顶，挎（跨）〔一〕虎，撩刀，滚半身，收刀势。

花枪法

掼指，穿袖，四托枪，扭身背扎，打一枪，滚身打一枪，扎，追扎，分顶，左右扫腿，扭身按一锤，扭身扎一枪，挑[illegible]〔二〕锤，大披滚身，起撩锁口。上步挑一锤，大滚身，起撩，复扎一枪，上步按一锤，

〔一〕挎，据文义，应为『跨』字之误。

〔二〕[illegible]，此字难以识别，待考。

大披滚身。上步挑一锤，滚半身，十字交手，迎面披枪，一扎，里合，外合，左右夹站，起撩，扭身按一锤，大披滚身，剪步一枪，乌龙摆尾，左右勾枪，跃步迎面披枪，云顶一扎，大披滚身，云顶一扎，乌龙摆尾。上步挑一锤，大披滚身，云顶一扎，怀中抱月。

猿猴棒法

当面披打最为先，后有尉迟倒拖鞭。横手金杆如闪电，白鹅亮翅展左边。
海底捞月扣肋骨，伟（韦）陀〔一〕疋〔二〕出藏妙悬。
月里偷桃人难躲，倒拖锦鸡不留双。排风〔三〕烧火曾比武，家传短打喜眉肩。
左右搅手称圣善，上下连头妙难言。石秀担柴真好汉，二郎披山更（亘）〔四〕古传。
智深酒醉打三门，姚期亮鞭保江山。道人拔步量天尺，太公手执钓鱼杆。
和尚摆袖五福殿，铁扇封闭把门关。金杆钻下倒心剜，顺身琵琶不住弹。

〔一〕伟陀，据文义，应为『韦陀』之误。
〔二〕疋，本意为脚，这里意为走。
〔三〕排风，即民间故事中的杨排风，善使一条烧火棍。
〔四〕更，据文义，应为『亘』字之误。

黄（桓）〔一〕侯当阳桥喝断，奉先〔二〕抽急虎牢关。

苏秦背剑游秦楚，孔明移星把斗换。暗渡陈仓真妙算，杀前顾后理当然。

棒打鸳鸯身跳跃，指东投西步连环。二仙传道由小巷，风磨一棍上平川。

金云白云来盖顶，棍个孤树把根傍。烈风扫地形势猛，彦璋横镐代周元。

〔一〕黄，据文义，应为『桓』字之误。桓侯，即张飞的谥号。

〔二〕奉先，即吕布。